Educational Counseling

***

学校で役立つ教育相談

谷口 篤・丸山真名美 編著

小林由美子・貝川直子・仲 律子・小原倫子・永井靖人

***

八千代出版

執筆者一覧

谷口　篤	名古屋学院大学スポーツ健康学部教授	第1章、第5章、第12章
丸山真名美	至学館大学健康科学部准教授	第2章、第4章
小林由美子	名古屋学院大学スポーツ健康学部准教授	第3章、第14章
貝川　直子	椙山女学園大学臨床心理相談室相談員	
	岐阜県スクールカウンセラースーパーバイザー	第6章、第9章
仲　律子	鈴鹿大学こども教育学部教授	第7章、第8章
小原　倫子	岡崎女子大学子ども教育学部教授	第7章、第13章、第15章
永井　靖人	愛知みずほ短期大学准教授	第10章、第11章

まえがき

　高度化、複雑化する社会の中にあって、学校では様々な問題が発生している。たとえば、不登校児童生徒数について、1980年代初頭は2万人以下であったが、今や小中高等学校を合わせると、20万人近くになり、高止まり状態といえる。あるいは、文部科学省の調査によるいじめの認知報告数は実態とかけ離れて少ないのではないか、学校の隠蔽体質がいじめの報告数を少なくしているのではないか、いじめを結果的に助長しているのではないかなどと批判されるようになり、近年はいじめの認知報告数は増加し、2017年度の報告数は、40万件を超えている。校内暴力事件も相変わらず全国各地で聞かれる。児童虐待の通報数も増加の一途をたどり、2017年度には13万件を超えている。児童虐待の通報経路の内訳で、学校からの比率は年々下がっているものの、学校からの通報数は、2008年度が4900件ほどであったが、この10年の間にほぼ倍近くの約9200件へと増加をしている。近年は、授業以外に、これらの問題にも対応しなくてはならない教師の残業の多さから、教師はブラック職と揶揄されることもしばしばある。

　一方、学校・教師の努力は、少しずつかもしれないが、学校教育の改善に進んでいる様子も窺える。たとえば、ベネッセの2016年の調査によれば、10年前に比べ、「強制的な学習」より「自主的な学習」を重視する小中高等学校教員が増加していることが報告されている。また、ベネッセの保護者への調査によれば、総合的に見て子どもが通う学校に「満足している（とても＋まぁ）」と回答した保護者の比率は、2004年が73.1％であったが、2018年では83.8％と継続して増加している。さらに、内閣府の2013年の調査によれば、「学校を楽しい」と答えている小中学生は、2006年の調査と比べて高くなっており、80.6％の児童生徒が楽しいと答えている。さらに、「楽しい」と「まあ楽しい」と答えた児童生徒を合計すると、96.7％にのぼっている。

　このような学校を取り巻く様々な問題の中、教員養成カリキュラムとしての教育相談が、1991年に教職専門科目として必修化された。その後、2000年

度入学生から履修が強化され、教育相談と生徒指導（進路指導を含む）の２分野に分けられ、各２単位が義務づけられた。本書は、基本的には、この教員養成カリキュラムに必修となっている「教育相談」のテキストとして企画されたものであるが、教育相談をめぐる様々な現状について、できるだけ最新のデータを取り入れ、現場の教員にとっても、教育相談の理論的背景と、実践の両面を学ぶことができるように配慮した。

　教員養成カリキュラムに「教育相談」が必修化された背景には、社会が教師に求める姿に大きな変化があったといえよう。教科を教えるだけ、知識を授けるだけの教師ではなく、教育の本来の目的である子どもの人格の陶冶に積極的に関与し、子どもや保護者の気持ちを汲み取り、寄り添うことのできる教師を求めるようになってきた。このような課題などに向き合うとき、教師に求められるのは教え諭すことだけではない。子どもや保護者の気持ちに寄り添い、向き合い、尊重し合い、理解し合うことではないだろうか。そのために役立つ知識の一つがカウンセリングの基本的態度である。

　「教育相談」では、カウンセリングの意義、理論や技法に関する基礎的知識を学ぶことになる。それは児童生徒をより深く理解し、より適切に接するために役に立つ。教科指導や生徒指導等に高い教育効果も期待できる。しかし、「教育相談」は、教師がカウンセラーになって、子どもや保護者に向き合う方法を学ぶものではないし、カウンセリングの専門家の養成でもない。教師に求められているのは、カウンセリングの基本的態度の意味や意義を理解し、基礎的知識を修得することであり、その知識を応用し、子どもとのコミュニケーション能力を高める中で、子どもの心に寄り添える教師となることである。

　学校における教育相談は、すべての教員があらゆる機会を捉えて行うものである。そのために、教師には、子どもとの普段の触れ合いの中で、子どもをよく観察し、家庭環境や成績など多くの情報から、子どもにとって何がよいのかを第１に考えて、一方的な決めつけや価値観の押しつけにならず、子どもや保護者の気持ちや考えを受容し、理解し、共感することが求められている。本書は、以上の考えをもとに編集された。本書が、教職を学ぶ学生だ

けでなく、多くの教師への心理学の立場からの応援になれば幸いである。

　最後になったが、何度も修正に対応していただいた執筆者の先生方の多大なご協力にお礼申し上げる。また、前著『学校で役立つ教育心理学』の企画の当初から、出版の機会をいただき、今回もまた、本書の完成まで、丹念にお付き合いくださった八千代出版の森口恵美子社長には、心からお礼申し上げたい。また、丁寧な校正で本書の完成度を高めてくださった井上貴文氏、そして出版にご尽力いただいた八千代出版の関係の方々に心より感謝申し上げたい。

編著者を代表して　谷口篤

iv

目　　次

まえがき　**i**

第Ⅰ部　教育相談の基礎

第1章　教育相談の意義と役割　　　　　　　　　　　　　　　　　　2
　1　学校における教育相談　**2**
　2　教育相談と生徒指導　**9**
　3　教育相談の領域　**11**

第2章　教育相談の計画と連携　　　　　　　　　　　　　　　　　　17
　1　教育相談の計画と必要性　**17**
　2　教師による教育相談の利点と困難さ　**21**
　3　学校外部の専門機関との連携　**22**

第3章　スクールカウンセラーとスクールソーシャルワーカー　　　　27
　1　スクールカウンセラーの設置と現状　**27**
　2　スクールカウンセラーの職務　**29**
　3　スクールカウンセラーの活動の成果、課題　**30**
　4　スクールソーシャルワーカー　**32**
　5　「チームとしての学校」におけるスクールカウンセラー、スクールソーシャル
　　ワーカー、教師の協働　**36**

第4章　カウンセリングの技法を活かした教師の指導　　　　　　　　41
　1　教師に求められるカウンセリングマインド　**41**
　2　教育相談に活かすカウンセリングの態度と技法　**41**
　3　教師が行う教育相談　**46**
　4　日常の教育活動の中で活用できる教育相談の方法　**47**

第5章　保護者への対応の基本　　　　　　　　　　　　　　　　　　51
　1　保護者との関わりの重要さと難しさ　**51**
　2　保護者との関わりの基本　**53**
　3　保護者との面談の進め方　**54**
　4　保護者から寄せられる苦情・要求に対して　**58**
　5　困難な状況が予想される保護者への対応　**60**

目　　次　**v**

第6章　教師のメンタルヘルスとその対策 ―――――――――――――― **64**

 1　教師のメンタルヘルスとバーンアウト　**64**

 2　教師のストレス要因　**66**

 3　教師のメンタルヘルスを支えるために　**69**

 4　教師の心の健康維持に向けて　**72**

第Ⅱ部　教育相談に必要な発達と精神病理の知識

第7章　幼児期・児童期の心理と発達 ―――――――――――――――― **76**

 1　発達を支援する教育相談　**76**

 2　乳幼児期の発達理解と相談支援　**79**

 3　児童期の発達理解の特徴　**82**

 4　発 達 障 害　**84**

 5　その他の気になる子どもたち　**90**

第8章　中高生の心理と精神病理 ―――――――――――――――――― **94**

 1　思春期・青年期の急激な変化　**94**

 2　自我同一性と同一性拡散　**98**

 3　中高生の精神病理　**100**

 4　中高生の発達障害　**102**

第Ⅲ部　子どもの諸問題とその対応（教育相談の実際）

第9章　不登校への対応と予防 ―――――――――――――――――― **106**

 1　不登校とその要因　**106**

 2　不登校児童生徒の実態と背景　**110**

 3　不登校児童生徒への対応と支援の考え方　**112**

 4　不登校の予防に向けた教師の対応　**119**

第10章　いじめへの対応と予防 ―――――――――――――――――― **123**

 1　いじめ問題の理解　**123**

 2　いじめの発見　**128**

 3　いじめへの対応と指導体制　**132**

 4　いじめを生まない学校作り　**134**

vi

第11章　非行への対応と予防 —————————— 137
1　非 行 と は　**137**
2　非行の現状　**139**
3　非行の原因　**142**
4　非行への対応　**144**
5　非行の予防　**147**

第12章　情報化社会における問題と対応 —————————— 152
1　インターネットと子どもの生活　**153**
2　ネットいじめ　**155**
3　インターネットやゲームへの依存　**160**
4　犯罪への関与、犯罪被害の問題　**164**
5　情報化社会における教育相談　**168**

第13章　児童虐待とその対応 —————————— 171
1　児童虐待とは　**171**
2　虐待の予防・発見と適切な介入・支援　**174**

第14章　配慮が必要な子どもの理解と対応 —————————— 178
1　発達障害者支援法とインクルーシブ教育　**178**
2　学級等で見られる配慮が必要な子どもたち　**179**
3　学級での支援　**180**
4　障害の種類に対応した支援　**180**
5　保護者との関係作りと支援　**183**
6　校内体制と特別支援教育コーディネーターの役割　**183**

第15章　子育てと家族の問題への対応 —————————— 188
1　子育ての悩み　**188**
2　問題への対応　**191**
3　発 達 支 援　**193**

索　　引　**199**

第 I 部

教育相談の基礎

教育相談の意義と役割

第1章

1 学校における教育相談

教育相談とは

「教育相談とは何か」と問われると、多くの人は、児童生徒と教師が一対一で、友人関係や学業などの様々な悩みを相談したり、相談室に行ってスクールカウンセラーと相談したりするような場面を想像するであろう。また、その相談相手としては、教育相談を担当している教師やスクールカウンセラーだけがするものであるといったイメージを持っている人も多い。このようなイメージは教育相談の一側面であるが、それだけが教育相談ではない。

文部科学省は、「ガイダンス」を集団の場面で必要な指導や援助を行う生徒指導・進路指導としている。また「教育相談を含んだカウンセリング」は、個々の生徒の多様な実態を踏まえ、一人ひとりが抱える課題に個別に対応した指導であるとし、双方の位置づけ、趣旨を踏まえて指導を行うこと（小学校学習指導要領 p. 9；中学校学習指導要領 p. 9）としている。

さらに、中学校学習指導要領解説（特別活動編）（文部科学省 2017c）では、「ガイダンス」を生徒のよりよい適応や成長、人間関係の形成、進路等の選択等に関わる、主に集団の場面で行われる案内や説明であり、ガイダンスの機能とは、そのような案内や説明等を基に、生徒一人一人の可能性を最大限に発揮できるような働きかけ（p. 124）としている。また一方で、学校における「カウンセリング」は、教育相談を含むものと位置づけ、「生徒一人一人の生き方や進路、学校生活に関する悩みや迷いなどを受け止め、自己の可能性や適性についての自覚を深めさせたり、適切な情報を提供したりしながら、生

徒が自らの意志と責任で選択、決定することができるようにするための助言等を、個別に行う教育活動」(p. 125) であるとしている。

さらに、特別活動におけるカウンセリングは、「専門家に委ねることや面接や面談を特別活動の時間の中で行うことではなく、教師が日頃行う意図的な対話や言葉掛け」(p. 125) と説明している。すなわち、教育相談とは、心理学の領域で用いられる狭義のカウンセリングでもなく、教育相談担当教員や養護教諭、スクールカウンセラーなどの限られた者だけが行うものでもない。様々な機会を捉え、すべての教師がその教育実践として行うものである。

教育相談は問題を抱えた児童生徒、保護者だけが対象ではなく、クラスの全員を対象とするものである。学級の大部分の生徒は、心理的に概ね健康といえるが、悩みや苦しみを持ち、一時的な不適応に陥ることもある。こうした生徒への援助や指導という教育相談活動は、教師にしかできないことである (一丸 2002)。このように教育相談を捉えたとき、文部省 (1990) が指摘するように、教育相談は学校教育の目的に合致するものであり、この意味から、教育相談は教育の原点に迫るための基本姿勢として大切であるということを、教師は共通に理解する必要がある。教育実践としての教育相談とは、カウンセリングで得られた知見や、コミュニケーションの技術を応用した、すべての教員が適時、適切に、すべての児童生徒の成長や自己実現を促進するための援助手段の一つなのである。

さらに、教育相談は学校内で完結するものではなく、必要に応じて児童相談所、教育センターや教育相談所、病院などの学校外の専門機関において行われることもあり、これらの福祉、教育、医療などの専門機関と学校・教師との連携も大切である。

教育相談の必要性

今日、少子化、核家族化、情報化などの進展の中、社会環境は大きく変化しており、様々な問題が生じている。子どもたちの問題行動や保護者の学校に対する姿勢や態度の背景には、規範意識や倫理観の低下が関係しているという指摘もある。このような背景の中、しばしば大きな社会問題としてマスコミなどが取り上げるいじめの問題は一向に減る気配がない。不登校児童生

徒は小学校、中学校、高等学校を合わせて、毎年 15 万人以上にのぼっている。家庭の養育力や教育力の低下、貧困などの様々な社会的問題を背景とした深刻な児童虐待、ネグレクトの増加も見られる。少年犯罪や暴力の低年齢化、インターネットや携帯電話を媒介とした犯罪、非行の増加なども指摘され、児童生徒の問題は多様化している。また、保護者の教育観の多様化、学校や教師に対する保護者の要求や苦情の増加と、それらへの対応にも配慮しなくてはならない。学校では、多くの教師が児童生徒や保護者が抱える様々な問題に直面し、尽力している。

　このような問題への対応として、文部科学省は、教員養成段階での生徒指導や教育相談の学修の強化を図り、スクールカウンセラー（以下、SC と略記する）や、スクールソーシャルワーカー（以下、SSW と略記する）の学校への配置を進めている。

　さらに 2010 年に文部科学省から発表された『生徒指導提要』では、教育相談は「生徒指導の一環として位置付けられるものであり、その中心的な役割を担う」と定義され、教育相談の重要性が指摘されている。「教育相談」という用語は、中学校学習指導要領では 1969 年から使われているが、2017 年からは小学校学習指導要領（文部科学省 2017a）でも使われるようになっていることからも、教育相談や生徒指導が重視されるようになってきていることがわかる。

　様々な問題行動について、児童生徒やその保護者からの相談に対応するために、SC や SSW の学校への配置だけでなく、問題行動や様々な障害についての基本的な理解や初歩的な対応ができるようになるための研修の必要性も認識されるようになってきている。また、学校の秩序や規則を維持するために、叱責や訓戒をするような外面的指導だけでは、問題の本質的解決には至らないので、児童生徒が教師に本音を語れるような関係の構築や、子どもの心に寄り添い、受け止めることのできる教師であるべきと認識されるようになってきてもいる。このような必要性から、児童生徒やその保護者を理解し、彼らに理解され、彼らとの人間関係を重視し、彼らの心に寄り添う教育相談的姿勢が、すべての教員に求められるようになってきているのである。

カウンセリングマインドの重要性

　学校に SC や SSW の配置が進められているが、子どもたちにもっとも身近な存在は教師であるとの認識のもとに、中央教育審議会答申『「新しい時代を拓く心を育てるために」―次世代を育てる心を失う危機』（中央教育審議会 1998）では、子どもの様々な相談に応じ、問題の前兆に気付き、適切な手立てを講じること、問題行動等を通じて周囲に助けを求めている子どもに的確なケアをすることなどが今後ますます大切になっていくことを指摘している。そのために、教師と児童生徒が、相互に理解し合う人間関係を作り上げ、児童生徒の自己指導能力を伸ばすための援助技法としての「カウンセリングマインド」を教師が持つことの重要性を指摘している。

　カウンセリングマインドという用語の起源は明らかではないが、ロジャーズの来談者中心療法が日本に導入された 1950 年代に日本で使われるようになった和製英語である（氏原 2012）。この用語はロジャーズ自身が提唱した言葉ではないし、明瞭な定義がなされた専門用語でもないが、カウンセリングマインドとはカウンセリングの基本的姿勢や方法を活かして人と関わることであり、具体的には受容・共感といったカウンセリング的な態度のことであり、教師と生徒との関係において教師が身につけておくことが望まれるとされている。

　教師がカウンセリングマインドを持つということは、教師がカウンセリングを実際に行うことではなく、子どもを理解するために、子どもに関わるうえでの基本的な視点と態度を持つことである（鵜養・鵜養 1997）。すなわち、教師が身につけるべき「カウンセリングマインド」とは、カウンセリングの基本的態度や技法をコミュニケーションの技法として用いて、児童生徒やその保護者の話をじっくりと聞き、相手と同じ目の高さで考え、相手への深い関心を払い、相手を信頼して自己実現を助けるといった姿勢を身につけることである。教師は、こうした姿勢を備えることによって、子どもたちとの間に共感的な関係を作り、子どもたちから信頼される相談相手となりうるのである（中央教育審議会 1998）。

　ところが、教育相談の必要性が提唱され始めた当初は、ロジャーズの来談

6　第Ⅰ部　教育相談の基礎

者中心療法の手法を適用し、教師がカウンセラーになろうとしてしまい、教育現場の特性を考えることなく、現場と乖離してしまったり、指導が必要とされる児童生徒に対して、毅然とした態度を取らず、結果的に指導すべきことをしないで児童生徒を甘やかしてしまったりする場合があった。その結果、教師の立場や役割から教育相談実践が遊離してしまい、期待されるような成果が得られなかったり、教師間の対立を生んでしまったりした（宮田・水田2009）。このようなことから、カウンセリングマインド不要論を唱える関係者もいる。しかし、このような問題は、カウンセリング理論の基本原理の「受容」や「共感」についての不十分な理解から、児童生徒の気持ちを限りなく肯定的に受け止めてしまうことで、受容ではなく「許容」や「容認」になってしまったことが一つの要因であったと思われる。

　カウンセリングマインドを持つということは、児童生徒の話や考えをしっかり受け止め、彼らの心の動きを理解し、「そのような気持ちになることはわかる」と受容し、共感することである。たとえば、児童生徒が、同級生の言動に腹を立て、相手を殴ってしまったとき、彼らがなぜ腹を立てたのかを理解することが受容である。腹を立てる気持ちの動きを理解するということなのである。「殴ったことは仕方がない」とか、「当然だ」とかいって、容認してしまうことではない。その反対に、彼らの行動を一方的に非難し、きつくとがめ、叱ることもよくない。

　反社会的な行動は許されない、という教師としてのきっぱりとした姿勢を示し、そのような行動を阻止することは必要である。それと同時に、教師がいろいろな観点から質問したり、問題を整理したりしながら、彼らの気持ちを受容することも大切である。児童生徒自身は自己の気持ちを教師に受け止められることを通して、自己の心の状態の理解を深め、自己の行動を客観的に見つめられるようになり、結果として自分の行動の善し悪しに気付いていくことができる。そのときそうせざるをえなかった児童生徒の気持ちを理解し、受容することは、彼らが一時の感情だけで突発的な行動を取ってしまうことを予防することにもつながる。

教育実践としての教育相談

ここまで述べてきたように、教師が行う教育相談は教育実践の一領域であり、カウンセリングマインドを身につけるために、カウンセリングの技術を学ぶことが重要である。しかし、前項で述べたように、教師はカウンセラーのように振る舞うことは避けるべきである。その第1の理由は、カウンセリングが「非日常性」によって構成されている点にある。第2の理由は、相談過程で生じる「転移」と「逆転移」の問題である。

カウンセリングは外界から遮断された場所で進められる。また、日常の時間とは異なり、一定の時間が来ると終わるという限られた枠の中で契約によって進められる。この区切り、制限がカウンセラーと相談者を日常から切り離す。カウンセリングの場が非日常であり、相談者の普段の生活にカウンセラーは入り込んでこないと相談者は考える。相談者の日常には入り込まない人だからこそ、相談者は自らの内面で起こっていること、周囲で起きていることについての個人的感情について、安心して語ることができ、相談者の自己開示、自己理解・洞察を進めるなどの効果をもたらす（内田・海老瀬 1999）。

一方、教師と生徒の関係は日常的なものである。教師は授業者であり、生徒を指導する立場でもある。教師と児童生徒は、学校という日常で常に関係性を持っている。この日常性と無関係にカウンセリングを行うことはほぼ不可能である。学校生活の中で、教師と児童生徒は相互にその人となりを把握しており、その日常的なイメージを抜きに相談に臨むことは両者ともない。相談後は、教師と児童生徒は学校という共通の日常の中で生活をしており、その相談を受け教師はその子どもに何らかの注意を払うであろう。一方、児童生徒にとって、教師は学校という「日常」の重要な構成員であり、授業や学校生活の中で子どもの学習や学校生活を指導的に導くことが仕事である。内申点や教師の評価が気になる子どもは、安心して自分の悩みを話せなくなる可能性がある。

このような日常性・非日常性の観点からは、教師と児童生徒の関係は日常的であり、カウンセリングの場のような非日常性の枠を作ることは不自然である。むしろ、問題を抱えた児童生徒に対して、時や場所といった枠を固定

8 第Ⅰ部　教育相談の基礎

的に捉えず、必要性に応じて子どもの問題を受け止め、対応する実践力が教師には求められている。教師と児童生徒の日常的な関係基盤をもとにして、その必要性に応じた教育相談的な実践が肝要である。

　もう一つの問題である「転移」とは、相談者がカウンセラーに対して抱くある種の感情のことであり、それは親など過去に出会った人物に対して抱いたものと同様の感情や態度を示すことをいう。この場合の感情がカウンセラーに対して、「好きでたまらない」とか、「頼りにしている」とかの肯定的な感情が出た場合を陽性の転移といい、「殺してしまいたい」、「憎くてたまらない」とかの否定的な感情になった場合を陰性の転移という。反対に、カウンセラーが相談者に対して転移を起こす場合がある。これを逆転移という。大事なことは、実際に相談者が陽性の転移感情を向けてきたときに拒絶することはとても難しいことだが、陽性の転移を受け入れてしまうことは相談者がカウンセラーに依存しすぎてしまい、カウンセリングの関係を難しいものとしてしまうということである。カウンセラーは相談者の転移感情に惑わされないだけの技量を備える必要があるといえる（内田・海老瀬 1999）。

　カウンセラーは、カウンセリング場面で生起した転移を、カウンセリングという非日常性の制限の中だけにとどめることができる。もちろん、転移や逆転移は、カウンセリングという特別の場所のみで起きることではない。日常の人間関係でも頻繁に起きうることである。教師がカウンセラーを演じてしまった場合、もともと教師と相談者である児童生徒は日常を共有しており、相談の場における感情や話の内容を相談場面だけにとどめ置くことは不可能である。したがって、相談の場に生じた転移や逆転移の感情が、日常の教育実践の場に入り込んできてしまう。その結果、教師に対する児童生徒の陽性の転移感情は、授業の中や、生徒指導の場などで、児童生徒の甘えを生んでしまったり、教師の関心を過剰に引こうとしたり、児童生徒自身はその教師にとって特別な存在であると錯覚したりするかもしれない。あるいは陰性の転移であれば、子どもからの極端な反発などを生んでしまうかもしれない。

　学校は実践の場である。教師はカウンセリングの理論を理解するだけでなく、理論に基づいた多くの技法を活用、実践し、実践力を高めていくことが

必要である。ここまで見てきたように、カウンセリングの場と教育実践の場という違いを踏まえて対応していかねばならない（内田・海老瀬 1999）。悩みや問題を抱えた児童生徒だけが教育相談の対象ではなく、児童生徒と保護者を対象と捉え、次節で述べる教育相談と生徒指導との関係を理解し、生徒指導活動との連携を深める必要もある。学校という場は、集団指導が中核をなしており、教師の実践の多くは集団を対象としている。その集団の成長を図ることが教師には求められている。集団を対象とした教育相談的実践の延長線上に、個人を対象とした教育相談や、治療的な教育相談を位置づけるべきであろう。さらに、「今は問題を抱えていない児童生徒、保護者」の問題の発生を予防するような実践を進めることも必要である。

2　教育相談と生徒指導

教育相談と生徒指導の相違点

文部科学省の『生徒指導提要』（文部科学省 2010）によれば、生徒指導とは、一人ひとりの児童生徒の人格を尊重し、個性の伸長を図りながら、社会的資質や行動力を高めることを目指して行われる教育活動と定義されている。従来、生徒指導というと、問題行動、特に非行などに対して対処することに重点が置かれていたが、本来は、児童生徒の一人ひとりの人格の発達を目指すものであり、「学校生活がすべての児童生徒にとって有意義で興味深く、充実したものになることを目指す」（文部科学省 2010）ものであり、学習指導とともに、学校教育の重要な意義を持つものといえる。文部科学省は教育相談を「生徒指導の一環として位置づけられ、生徒指導の中心的役割を担う」（文部省 1990）としている。

このように、教育相談と生徒指導は、学校教育における役割としては、基本的には、児童生徒を生活や学校によりよく適応した生きる力を育てようとする点で同じ方向性を持っている。一方でその指導の方法においては正反対の方向性を持っている。

その相違点の第1は、集団へのアプローチを主とする生徒指導に対して、

10 第Ⅰ部 教育相談の基礎

教育相談は個人へのアプローチを主としている点である。すなわち、生徒指導は、集団的な指導を通して集団の変容や成長を目指し、結果として個人の変容に至ろうとするものである。それに対して、教育相談は主に個人の内面に焦点を当て、面接や相談を通して個人の内面の変容を図ろうとするものである。

　第2の相違点は、生徒指導は指導や管理を主とするのに対して、教育相談は面談や相談、カウンセリングなどのコミュニケーションを主としている点である。すなわち、生徒指導は児童生徒の問題行動に対する指導や、学校・学級の集団全体の安定・安全を守るための管理や指導を行う。一方、教育相談は、児童生徒に問題を自分の課題として受け止めさせ、問題がどこにあるのか、今後どのように行動すべきかを主体的に考え、行動につなげるようにする（文部科学省 2010）ものである。

教育相談と生徒指導の連携

　教育相談と生徒指導は対立的に論じられることがしばしばあった。たとえば「非行など反社会的行動に対応する生徒指導」と「不登校、学級不適応など非社会的行動に対応する教育相談」、「児童生徒に厳しく、規則を守らせる生徒指導」と「児童生徒に理解を示すのみの甘い指導の教育相談」などである。しかし、児童生徒の気持ちを無視した厳しい生徒指導ばかり行っていては、子どもたちを納得させることなく、教師の力や権威で子どもを従わせるだけになってしまう。反対に、子どもの気持ちを受け入れるだけでは、子どもを甘やかすだけで、子どもの成長に水を差すことになりかねない。

　前項で述べたように、両者の目標は共通しており、児童生徒の自己実現を目指し、学校や社会によりよく適応させることにある。児童生徒の気持ちを受け止めつつ、強制的にならないように指導していくことが理想的であるが、これは簡単なことではない。教育相談と生徒指導の両方の機能を同時的に発揮するためには、多岐にわたる知識と技能と、それらを統合的に実践する力が教師に求められる。一人ひとりの教師が学習指導の技量を高め、かつこれらの全領域にわたって知識や技能を一定レベルまで高めることが理想である。そのためには、個々の児童生徒の気持ちを、教師一人ひとりがしっかりと聞

き、受け止めつつ、必要な指導をするよう努力する必要がある。さらに、学校内の教師に加えて SC や SSW も加わって、それぞれの得意な分野を担当したり、補い合ったりする分業、協力体制の構築も必要である。

3　教育相談の領域

　これまで述べてきたように、教育相談は個々の児童生徒・保護者からの悩みや苦しみの相談、非行やいじめなどの問題を起こした子どものいらだちやストレスに対応しようとするもの、問題の発生を予防しようとするもの、児童生徒の自己実現を目指そうとする教師からの相談など多岐にわたる。ここでは、教育相談の機能から、3 つの領域に分けて教育相談の機能と意義を考える。すなわち、①児童生徒の不登校、非行などの問題を解決しようとする問題解決的教育相談、②問題の早期発見や、問題の発生を未然に防ごうとする予防的教育相談、③児童生徒の自己実現を援助したり、促進したりしようとする開発的教育相談である。

問題解決的教育相談

　問題解決的教育相談は、心に何らかの問題を抱えた児童生徒に対して、主にカウンセリングや治療的なプログラムによって問題の解決を図ろうとするものである。この機能を特に強調するとき「治療的教育相談」ともいい、従来いわれてきた狭義の意味での教育相談である。また、非行や不良行為、いじめ行為などの問題の解決を図る側面を強調したときは、「訓育的教育相談」として区分されることもある。

　『生徒指導提要』（文部科学省 2010）によれば、児童生徒の問題には、①発見しにくい問題、②なぜそのような問題が生じるのか理解しにくい問題、③原因や背景もある程度は推測できるが解決が困難な問題の 3 つがある。第 1 の問題は、たとえば、発見しにくい問題の典型はいじめ問題である。いじめは教師の見えないところで発生することが多く、いじめている児童生徒は、教師から巧妙に隠そうとする。一方、いじめられている児童生徒は、いじめられていることを恥ずかしいと思い、教師や保護者に訴えることをためらうこ

ともある。いじめの傍観者としての児童生徒は、いじめを目撃してはいるものの、それを教師に訴え出ることは仲間を裏切る行為だと思ったり、訴えたりすることで、告げ口したと仲間から見なされ、今度は自分がいじめられる側に入れられてしまうのではないかと恐れ、訴え出ることができなくなることも多い。

　第2の問題は、不登校や引きこもり、拒食症など、明瞭な不適応行動として表れるので、教師や保護者は気付きやすい。しかし、そのような問題行動となって現れた背景にある児童生徒の心の問題が明らかになりにくい。

　第3の問題は、非行や虐待、家庭不和、親子関係や本人の生育歴など、問題発生の原因が比較的明らかになりやすい問題である。

　いつ、どこで、どのような児童生徒にこのような問題が発生するかの予測は困難である。重要なのは、問題が発生していることに教師が気付いたとき、初期対応をいかに迅速に適切に行うかであり、問題が収束したと思われた後に再発しないように継続的にフォローをすることである。また問題を一人の教師の努力だけで解決しようと思い込まないことも大切である。問題の内容によって、同僚教師との連携や、保護者との協働的対応、SC や SSW の援助、相談専門機関との連携など、適切な対応を選択し、実施するようにするべきである。また、このような問題の発生を抑止するためには、次に述べる予防的教育相談の実施が重要となってくる。

予防的教育相談

　現在は問題を抱えていない児童生徒に、将来にわたって、問題は発生しないという保証はない。そこで、問題の発生を未然に防ごうとしたり、問題の発生が危惧される児童生徒に早期に気付き、予防的に働きかけようとしたりするのが予防的教育相談である。

　そのために、まず第1に求められるのは、「何事も生じていないとき」に、児童生徒と教師の信頼関係を構築していくことである。よい関係ができていれば、児童生徒自身が問題を感じ始めたとき、他の児童生徒の言動が気になったときなどに、児童生徒は教師に相談に行きやすくなり、早期発見、早期対応が可能になる（文部科学省 2010）。

第1章 教育相談の意義と役割 **13**

表 1-1 児童生徒の不適応状態に早期に気付くためのポイント

ポイント	内　容
学業成績の変化	成績の急低下は「心が勉強から離れてきた」「心が勉強どころではない不安定な状態になっている」ことのサイン
言動の急変化	「急に反抗的になる」「つき合う友達が変わる」「急に喋らなくなる」「遅刻・早退が多くなる」などの行動の急激な変化は、本人の中で心理的に大きな変化が生じていることに対応するもの
態度、行動面の変化	顔色の優れなさ、表情のこわばり、行動の落ち着きのなさ、授業に集中できない、けがの頻発など態度や行動面に表れるサインにも注目
身体に表れる変化	頻尿、頭痛、下痢、原因不明の熱など身体に表れるサインもある
児童生徒の表現物	児童生徒の書いた作文、答案、描いた絵や作成した造形物などには、児童生徒が言葉には表現できなかった心が反映されていることに留意
その他	日常、他の教員や保護者とよい関係を築いておく「気軽に話せる」「率直に伝えられる」「相談しやすい」関係が児童生徒についての重要な情報をもたらすことに留意

（文部科学省 2010）

　次に大切なのは、保護者と教師の良好な関係である。保護者は授業参観や保護者面談、学校行事など教師と対面で話したり、直接関わったりしたときなどに教師の人となりを判断する。また、我が子から聞く様子、学級通信、成績表の所見欄、答案用紙への教師の書き込み、他の保護者からの情報などからも担任教師の姿を推量する。教師は常に、保護者からの評価を受けているといえる。教師は様々な機会を通じて個々の保護者を理解し、よい関係を築くために積極的に保護者とコミュニケーションをするべきである。教師が子どもをしっかりと見守り、子どもの長所を認識している姿を保護者に示すことで、保護者は教師を信頼し、心配なことや不安なことなど、構えることなく相談するようになり、問題の早期発見につながるであろう。『生徒指導提要』では、「何事も生じていないとき」に児童生徒の不適応状態に早期に気付くためのポイントとして、表 1-1 に示したような観点を挙げている。

開発的教育相談

　開発的教育相談は、広義の意味での教育相談として、近年重視されつつあ

14 第 I 部 教育相談の基礎

る教育相談の機能であり、育てる教育相談とか、発達促進的教育相談ともいわれる。これは、すべての児童生徒を対象として、個性を伸ばし、社会性を身につけ、自己実現を図れるように、すべての教職員が児童生徒の発達上の課題や教育上の課題を指導・援助しようとするものである。

『生徒指導提要』（文部科学省 2010）によれば、「育てる教育相談という考え方に関しては、現在様々な考えや方法が導入され試行されている段階」であり、「個々の教員、あるいは学校において、日々の指導の中で児童生徒の実態に応じてこうした方法を活用し互いにその成果を検討し合う時期」であるとされている。開発的教育相談は、「児童生徒が成長過程で出会う様々な問題の解決への指導・援助ばかりではなく、学校教育全体にかかわって児童生徒の学習能力や思考力、社会的能力、情緒的豊かさの獲得のための基礎部分ともいえる心の成長を支え、底上げしていくもの」であり、すべての児童生徒を対象に、学習指導、特別活動など、学級、学校全体のあらゆる教育活動を通して、児童生徒の成長を促進するために行われるものである。

教育相談の 3 領域の相互関連

これらの教育相談の 3 領域は、表 1-2 に示したように、一つの活動が、複数の領域の機能を兼ね備えたものと考えられる場合もあり、その境界ははっきりと分かれていない。たとえば、児童生徒の発達を促進しようとする活動は、主として開発的教育相談といえるが、開発的であるということは、予防的な機能をも兼ね備えたものといえる。あるいは、SC による教員への教育相談研修として、不登校児童生徒の心の問題を取り上げるとしたら、それは予防的教育相談でもあり、問題解決的教育相談につながるものともいえる。

この教育相談の領域区分は、教員の教育相談実践を分類するためのものではなく、個々の教師の教育実践が教育相談として見た場合に、どの領域の機能を持ったものかを理解し、さらに今後の可能性を想定する場合に意味があるものといえる。すなわち、教師として教育相談を行うためには、3 つの教育相談の相互関連を考えながら、カウンセリングマインドのスキルを身につけていく必要がある。

第1章　教育相談の意義と役割　**15**

表 1-2　教育相談の４領域と学校関係者などの活動

	開発的教育相談	予防的教育相談	問題解決的教育相談	
			訓育的教育相談	治療的教育相談
管理職	**教育相談の定着・充実に関わる活動** ・方針の明確化　・組織の活性化 ・研修の充実　　・条件の整備		・教職員との面談 ・教職員への助言 ・危機対応、体制整備 ・保護者との面談	・連絡、調整 ・日常的連携 ・訪問面会 ・報告書提出
スクールカウンセラー等	・教育相談に関する啓発的活動 ・校内研修会での指導、保護者への講演 ・情報提供・広報活動・研修の実施			・精神科医、セラピスト等との協働 ・医療、福祉、保護矯正等の専門機関との連携
		・教職員・保護者への助言指導 ・児童生徒へのカウンセリング ・組織的対応のまとめ役		
教育相談担当（生徒指導主事・進路指導主事）	**教育相談の定着・充実活動** ・校内教育相談活動の企画・推進 ・情報提供、広報活動、研修の実施		**校外教育相談機関との連携** ・研究会等の実施、参加 ・SC、専門機関との協働	
		校内教育相談の調整、推進活動 ・教育（進路）相談室の管理　・運営　・相談 ・個人情報の収集、管理　　　・他教師への援助		
すべての教職員　養護教諭	・保健室での個別援助 ・保健委員会活動を通した援助	・保健室での観察 ・担任等への連絡 ・健康相談の実施	・個別相談 ・校医相談	・SC との協働 ・保健室登校への援助 ・摂食障害等への支援
すべての教職員　授業者	**教育相談の姿勢を活かした授業** ・評価の工夫 ・授業時の児童生徒理解 **教育相談技法を活用した授業** ・ロールプレイング等		・配慮を要する児童生徒への個別対応	・教育相談担当、SC 等への援助依頼 ・通級学級との連携
すべての教職員　学級担任	**教育相談姿勢を活かした学級経営** ・グループ・エンカウンターの実施 ・班ノート等で意見交換 ・問題の早期発見を目指す調査 ・日直面接、5分間面接等の個人面接 ・給食時面接等のグループ面接 ・進路学習等における自己理解の深化 ・親ノート等による保護者との連携		・調査後の呼び出し・面接 ・問題別集団面接 ・学級活動でのロールプレイング ・ピアカウンセリング等の相互支援 ・緊急家庭訪問 ・親相互の支援組織	・教育相談担当、SC 等への援助、依頼 ・組織としての取り組み

(嶋崎 2001；2014 を参考に一部改変)

16 第Ⅰ部　教育相談の基礎

引用・参考文献

一丸藤太郎　2002「学校教育相談とは」一丸藤太郎・菅野信夫編著『学校教育相談』ミ
　ネルヴァ書房

鵜養美昭・鵜養啓子　1997『学校と臨床心理士—心育ての教育をささえる』ミネルヴァ
　書房

氏原寛　2012『心とは何か—カウンセリングと他ならぬ自分』創元社

内田利広・海老瀬正純　1999「カウンセリングを活用した学校教育相談のあり方につい
　て（その2）—カウンセリングと学校教育相談の関連性をめぐって」『京都教育大学教
　育実践研究年報』第15号、pp. 275-297

嶋崎政男　2001『生徒指導担当教師のための教育相談　基礎の基礎』学事出版

嶋崎政男　2014『入門　学校教育相談—知っておくべき基礎基本と実際の対応』学事出
　版

中央教育審議会　1998『「新しい時代を拓く心を育てるために」—次世代を育てる心を
　失う危機（答申）』

宮田徹・水田聖一　2009「学校教育相談とカウンセリング・マインド—教育とカウンセ
　リングの関係について」『富山国際大学現代社会学部紀要』第1号、pp. 59-70

文部科学省　2010『生徒指導提要』教育図書

文部科学省　2017a『小学校学習指導要領』

文部科学省　2017b『中学校学習指導要領』

文部科学省　2017c『中学校学習指導要領解説（特別活動編）』

文部省　1990『生徒指導資料第15集・生徒指導研究資料第10集　生徒指導上の問題に
　ついての対策—中学校・高等学校編』

教育相談の計画と連携

第2章

　学校において教育相談を効果的に行うためには、十分に配慮された教育相談の計画を作成することと、教師がそれを理解して実践すること、さらに学校の対応能力を超える場合に外部の専門機関と連携することも必要となる。本章では、教育相談の計画作成に関わる留意事項と、外部の専門機関との連携の必要性とあり方について取り上げる。

1　教育相談の計画と必要性

　教育相談を効果的に行うためには教育相談の計画が必要である。これは年度当初に作成される。教育相談の計画は「全体計画」、「年間計画」、「実施計画」に大別される。「全体計画」とは、教育相談の理念や各学校の実情を踏まえて、学校の組織や運営体制、各校の教育相談活動の目標や重点課題を明示するものである。「年間計画」は、相談活動の具体的な実施計画や、教育相談に関する教員の研修、保護者や関係機関との連携などに関することがらを、学期や月ごとに示すものである。「実施計画」は、誰がどの児童生徒を対象に行うのか、その時期、方法などを具体的に示したものである。

　児童生徒は成長していく中で、様々な困難に直面することがある。そのことが、児童生徒の健全な心の成長を妨げることがある。児童生徒の成長にとって障害となることが起こってから対応することはもちろん重要であるが、それが生じる前に予防することも重要である。そのためには、児童生徒の様子を普段から把握することが必要である。そのために、定期的に教師と児童生徒の二者面談や家庭訪問、保護者面談などを行うことも有効である。これらの相談活動は学校教育の中で行われるので、学校全体の教育活動の中に計

画的に位置づけることが必要となる。教育相談活動を効果的に行う時期について考慮しながら、学校全体の教育活動との関連性に配慮して計画的に実施することが必要である。

教育相談の計画の内容

　教育相談の計画に含まれるべきものは、学校としての教育相談の目標、目標実現のための基本方針、教育相談のための組織と体制、その運営の方法、具体的な年間の活動計画などである。

　教育相談は、教育活動全般において日常的に行われるものであるが、児童生徒と教師との個別面談、保護者との保護者面談、家庭訪問など学校行事として特定の時期に行う教育相談活動も重要である。

　個別面談は、個々の児童生徒の悩みや心配事などを把握し、児童生徒理解や不適応、問題行動の原因を探ったり、対応を早期に行ったりすることが目的となる。保護者面談や家庭訪問は、家庭との連携を密にするきっかけを作ったり、日頃から学校のことで保護者が知りたいことを話したりすることで、保護者と教師とのコミュニケーションを取りやすくすることに役に立つものである。

　『生徒指導提要』（文部科学省 2011）に述べられているように、教育相談の計画は学校の教育計画全体の中に位置づけられている必要がある。教育計画全体の中に教育相談計画を位置づけることで、学級活動等における活動と内容の関連性についても明確になる。個別面談、保護者面談、家庭訪問をいつ行うのかについても、他の教育活動との関連性を考慮して設定することで教育相談活動が効果的になると考えられる。表 2-1 に、ある小学校の教育相談の年間計画の例を示した。

学校における教育相談体制の整備

　学校運営を円滑に行うためには教職員の役割分担と協力が必要である。そのための学校内における運営上必要な業務分担を校務分掌といい、学校教育法の第 43 条に規定されている（中学校、高等学校はそれぞれ第 55 条、第 65 条の準用規定による）。

　教育相談を効果的に行うためには、校務分掌として、教育相談に関する教

第2章 教育相談の計画と連携　　**19**

表2-1　ある小学校の教育相談の年間計画の例

月	項　目	ね　ら　い
4	教育相談部会 スクールカウンセラー 学年懇談会（ふれあいタイム）	学校支援員との連携 児童の生活状況把握
5	教育相談部会 スクールカウンセラー	不登校児童や気になる児童についての共通理解 生活環境の把握と保護者連絡
6	家庭訪問 教育相談部会 スクールカウンセラー いじめアンケート・個人面談	児童の生活環境把握と不登校傾向児童、保護者との連絡 気になる児童についての共通理解
7	スクールカウンセラー 夏休みの生活計画 保護者面談	夏休みの生活設計確立 学校生活と家庭の情報交換
8	教育相談部会 スクールカウンセラー（校内研修）	夏休みの生活状況把握 気になる児童についての共通理解
9	教育相談部会 スクールカウンセラー	学校支援員との連携 不登校児童や気になる児童についての共通理解
10	教育相談部会 スクールカウンセラー	気になる児童についての共通理解 生活環境の把握と保護者との連絡
11	教育相談部会 スクールカウンセラー 学年懇談会 いじめアンケート・個人面談	気になる児童についての共通理解 生活環境の把握と保護者との連絡
12	教育相談部会 スクールカウンセラー 保護者面談	冬休みの生活設計確立 学校生活と家庭の情報交換
1	教育相談部会 スクールカウンセラー	学校支援員との連携 不登校児童や気になる児童についての共通理解
2	教育相談部会 スクールカウンセラー いじめアンケート・個人面談	クラス編成上考慮すべきことの共通理解および一年間の反省
3	スクールカウンセラー 春休みの生活設計 相談カルテの作成・整理	春休みの生活設計確立と一年間の反省 考慮すべき児童の状況把握

（七尾市徳田小学校作成の計画を筆者が一部改変
http://www.city.nanao.ishikawa.jp/tokudasho/）

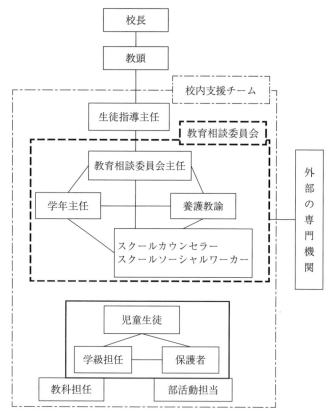

図2-1 教育相談に関する校務分掌組織の例（下松市立下松中学校）
(http://www.ysn21.jp/e-vision/top_page/kudamatsu/kudamatsu.htm を参考に作成)

育相談委員会等の組織・体制の整備が必要となる。この委員会では、教育相談部の役割や責任を明確化し、教育相談の計画を行ったり、管理職、教員、スクールカウンセラー（以下、SCと略記する）、スクールソーシャルワーカー（以下、SSWと略記する）などの間の連絡や調整等を十分に図ったり、外部の教育相談機関との連絡や、連携を進めたりする（図2-1を参照）。この校務分掌は、学校の実態（学校規模、職員構成、地域や児童生徒の実態）に合わせて、教育相談部として独立して設けられたり、生徒指導部の中に係として置かれたりする。

計画作成における留意事項

　教育相談の計画を作成するためには次のような点に留意しなくてはならない。第1に、教育相談活動は全教職員が担うべきものであることを基本とし、学校として目的と目標を明確にし、その活動の意味を全教職員が共通に理解し、同意して協力できるように作成すべきである。

　第2に、活動の内容によって、中心的な活動は、教育相談担当なのか、学級担任なのか、あるいはSCやSSWなのかなどを明確化しながら、全教職員の協働を図るように作成すべきである。その際、児童生徒の抱える困難を一人の担任教師が抱え込まないような配慮が必要である。たとえ、主として担任教師が児童生徒に対応するとしても、他の教師との協働や連携しやすい体制を作るべきである。

2　教師による教育相談の利点と困難さ

　教育相談は、すべての子どもを対象に行われる。そして、多くの場合、教師が教育相談活動を行う。教師だからこその利点と困難さを教師は理解して教育相談の計画を立てる必要がある。

　教師の日常的な教育活動では、授業での学習指導や、学校生活における様々な児童生徒の活動の指導等、児童生徒を指導することが中心となっている。一方、教育相談は、児童生徒を指導するというよりは、彼らの気持ちや感情を受け止め、理解しようと児童生徒に寄り添って支援するものである。

　したがって、教師が教育相談的な関わりをしようとするとき、教師は児童生徒のあるべき姿に向けて指導的に接する側面と、そのあるべき姿に反していたとしても、児童生徒の気持ちや感情を理解し、受け止めようとする共感的・受容的に接する側面という2つの相反する役割を担っているということを意識しなくてはならない。

　教師が行う教育相談の利点としては、教師は学校における日常的な児童生徒の状況を把握しているので、児童生徒の抱えている問題を理解しやすい点が挙げられる。同時に、相談内容に配慮して、児童生徒の日常の学校生活に

22　第Ⅰ部　教育相談の基礎

関与できることが挙げられる。

　反対に、教師による教育相談には限界もある。たとえば日常的に学校生活の様々な場面で児童生徒と教師は接しているために、児童生徒は教師だからこそ、話したくなかったり、話せないと思ってしまったりすることもある。また、心の病、虐待や子どもの貧困といったことが背景となっている問題について、教師は、教育的使命感から問題に取り組もうとしがちであるが、心の専門家ではない教師の相談活動には限界がある。このような場合には、より専門的な知識、能力を持ったSCやSSW、あるいは児童相談所などの専門家・専門機関との連携が必要となる。

3　学校外部の専門機関との連携

校外の専門機関との連携

　社会問題が多様化および複雑化する今日、児童生徒が抱える問題について教師の専門性では対応できない事例も多くなってきている。教師の専門性は、教えることにある。しかし虐待、子どもの貧困、心の病等の問題に対応する十分な専門性があるとは言い難い。このような問題を抱えて不適応を起こしている児童生徒に対応するためには、心の専門家であるSCや、環境を整え社会的なリソースの利用の専門家であるSSWと連携し、協力を得ることも大変重要である。また、その困難さの内容によっては、表2-2に示したような様々な外部機関との連携が必要となることもある。このような外部専門機関との連携の仲立ち役として、SCやSSWの役割は重要となるので、教師はSCやSSWのアドバイスを受け、問題に対応することが望まれる。

連携の方法

　連携の方法は、2つに大別できる。コンサルテーションを中心としたコンサル型チームによる連携と、コラボレーションを中心としたコラボ型チームによる連携である。コンサルテーションとは、専門の知識を持つ人（コンサルタント）が問題を抱える子どもや保護者に直接関わるのでなく、該当の児童生徒に日常的に関わる人（教師など）に対して、対応や援助の仕方についてア

第2章　教育相談の計画と連携　**23**

表2-2　連携する専門機関

専門機関名		内容
教育機関	教育委員会	教育課程、学習内容、生徒指導に関する相談・指導・助言、法的な助言
	教育相談センター 教育相談所 教育研究所 教育相談機関	性格、行動、心身障害、学校生活、家庭生活等の教育に関する相談
	教育支援センター （適応教室）	不登校児童生徒の学校復帰への支援
	発達障害者支援センター	発達障害に関する相談・生活支援
	特別支援学校 （センター的機能）	発達障害に関する相談・学校支援
医療関係	学校医を含む病院等の医療機関	心身の疾病等に関する相談・診断・予防・治療
	保健所 保健センター 保健福祉センター	地域保健法に基づき、各都道府県・指定都市・中核都市に設置。主な業務は、栄養改善及び食品衛生に関する事項、母性及び乳幼児並びに老人の保険に関する事項、精神保健に関する事項などや、地域住民の健康の保持及び増進に関する事項等
	精神科クリニック	神経症や精神疾患に関する相談・予防・治療
	総合病院の精神科	身体的な症状も含めての神経症や精神的疾患に関する相談・予防・治療
	精神科病院	入院等を含めての精神的疾患に関する相談・予防・治療
	精神保健福祉センター	精神保健福祉法に基づき、各都道府県・指定都市等に設置。主な業務は、精神保健に関する相談、人材育成、普及、啓発、調査研究等
福祉関係	児童相談所	児童福祉法に基づき、各都道府県・指定都市等に設置。18歳未満の子どもに関する様々な相談に対応。主な業務は、児童福祉司や児童心理士が保護者や関係者から子どもに関する相談に応じる。必要な心理判定や調査を実施し指導を行う。また、行動観察や緊急保護のための一時保護の制度もある
	児童自立支援施設	不良行為を行ったりそのおそれがあったり、また生活指導の必要な児童に対し、入所や通所をさせ、個々の状況に応じた自立支援を行う
	児童養護施設	保護者のいない児童、虐待されている児童、その他環境上養護を必要とする児童を対象とした入所施設
	情緒障害児短期治療施設	軽度の情緒障害を有する児童の治療を行う入所及び通所治療を行う
	児童家庭支援センター	地域の子ども家庭の福祉に関する相談

福祉関係	福祉事務所	生活保護や子ども家庭等の福祉に関する相談、保護の実施
	民生委員・児童委員 主任児童委員	厚生労働省の委嘱を受け地域住民の保護、保健・福祉に関する援助・指導などを行う
	市町村	児童福祉法に基づき、児童等の福祉に関し、情報提供、相談対応、調査、指導を行う第一義的な窓口
警察関係	警察	非行少年の補導・保護・検挙・捜査・少年相談の受理を行う
	少年サポートセンター	警察の設置するセンターであり、子どもの非行、問題行動、しつけ、犯罪被害に関する相談を行う
	家庭裁判所	非行少年についての調査、審判を行うほか、親権や養育権等の親子親族に関する家事調停や審判も行う
	少年鑑別所	法務省の施設であり、看護措置決定を受けた少年の収容、資質鑑別を行う
	保護観察所	法務省の機関であり、保護観察処分を受けた少年、少年院を仮退院した少年等に対し、社会内で指導・助言を行う
	少年院	法務省の施設であり、少年院送致となった少年を収容し、矯正教育を実施する
その他	大学などの相談機関	家庭、教育や心理に関する相談
	電話相談	電話での相談、自殺予防の相談

（文部科学省〔2011：133-135〕の図表に基づいて筆者が作成。内容の欄は引用）

ドバイスし、問題の解決を図ることである。教育現場における、コンサルタントは、SC や SSW であることが多いと考えられる。

　谷島 (2014) は、この2つの連携について説明している。コンサル型チームは、児童生徒と直接関わる役割を持つ教師が、専門家や教育相談係、学年主任などの第三者にアドバイスを求め、児童生徒に対応するスタイルのものである。

　コラボ型チームは、複数の人がそれぞれ異なる役割を担い、協力して児童生徒の問題に対応することである。コラボ型のコラボとは、コラボレーション（協働）のことである。先に挙げたコンサル型チームにおいて、教師が SC に協力を求めるだけではなく、SC が児童生徒に心理テストを行ったりする場合には、このスタイルの連携となる。コラボ型チームの利点は、複数の人がそれぞれの視点から児童生徒の問題を捉えることができる点である。一方で、チームを構成する人々の調整を行う手間がかかる。このコラボ型チーム

が機能するように校内での体制を整えることが必要であり、校外機関との連携も必要とする場合には、外部機関との調整を行う役割やシステムを構築することが重要である。

コラボ型チームにおける児童生徒への対応については、SSW の活用が有効である。SSW の役割は、①福祉関係の関係機関・団体と学校のネットワークの構築、連携、調整、②保護者、教職員等に対する支援・相談・情報提供である。

〈事例1〉 深夜徘徊をする児童への対応

担任クラスの女子児童 A 子（小学校6年生）が、深夜徘徊で警察に補導された。保護者に連絡がつかないとの理由で担任の B 先生が子どもを引き取りに行った。児童の家まで送っていったところで、仕事のため帰りが遅くなったという保護者と会うことができ、子どもを無事帰宅させることができた。補導された児童は、普段はおとなしく内向的な性格で、深夜徘徊をするような様子はまったくなかった。この一件以来、この児童の様子を注意して見守ることにした。その中で、この児童が夕方一人で頻繁にコンビニに食べ物を買いに行っているという噂を他の児童から聞いた。また、子ども同士、放課後遊んでいても帰るのが一番遅いという情報もあった。今回の深夜徘徊も、友達と遊んでいて分かれてから、ゲームセンターで一人で遊んでいるところを補導されたものであった。

課題1 この事例について、あなたは教師としてどのように対応するのがよいか。専門家や外部機関と連携することを前提として考えてみよ。

課題2 専門家や外部相談機関との連携を遅滞なく進めるために、普段から教師が行うとよいことを考えてみよ。

〈事例2〉 生徒会によるいじめ防止の取り組み

子どもたちの「いじめのない学校をつくりたい」という思いを全校生徒に広げるため、「何がいじめになるのか」といったアンケートや議論等を通して、生徒同士が「いじめ」と真剣に向き合う機会をもった。

「子どもの思いを取組みにつなげる」「子どもの力を信じて任せる」ことを合い言葉に、励ましや活動を認める言葉がけを全教職員で行い、子どもたちの取

26　第Ⅰ部　教育相談の基礎

組みを支援している。子ども同士が関わり合い、お互いの思いが形になっていく中で、いじめの問題を今まで以上に自分たち自身の問題としてとらえるようになってきている。　　　　　　　　　　　（愛知県教育委員会義務教育課 2014 より）

課題1　どのような「励ましや活動を認める言葉がけ」がよいと思うか、いくつか挙げてみよ。

課題2　子ども同士の関わり合いを、どのように支援していくか考えよ。

〈事例3〉　虐待が疑われるときの対応

　父と母は、交通事故の後遺症などで通院し、生活保護を受けている。長女（小学校5年生）は、学校にはほとんど登校していない。

　長女の担任の教師が家庭訪問したところ、両親は不在。長女は、中にいるようだが出てこない。家の中は、脱いだ衣服やマンガ本、食べかけの物などが散らかっていた。

　別の日に、学校で長男（小学校4年生）に様子を聞いたところ、両親はパチンコ屋に出かけていることが多く、長女は3歳の子どもの面倒を見ているとのこと。長男の話から、担任は、家族全体はだらしないものの、とりあえず長女は元気でいるのではないかと考え、安心した。

　長男と次男（小学校2年生）は、衣服も数日間同じものを着て登校してくる。友だちから、「臭い！」と言われてけんかになることもある。また、きょうだいげんかのためなのか、次男の体にはアザが絶えない。

（埼玉県教育委員会 2018）

課題1　このようなとき、担任教師であるあなたは、どのように対応すべきか考えよ。

課題2　虐待であることがはっきりしてきたとき、担任や学校はどのような対応をするべきか考えよ。

引用・参考文献

文部科学省　2011『生徒指導提要』

谷島弘仁　2014「チームでの相談の進め方―校内連携」深谷和子編集代表『児童心理12月号臨時増刊』第68巻18号、pp. 28-32

愛知県教育委員会義務教育課　2014『生徒指導お助けリーフ No. 2』
　http://www.pref.aichi.jp/kyoiku/gimukyoiku/seitosidou/29reafNo.2.pdf

埼玉県教育委員会　2018『教職員・保育従事者のための児童虐待対応マニュアル』
　http://www.pref.saitama.lg.jp/a0608/documents/00_0.pdf

スクールカウンセラーと
スクールソーシャルワーカー

第3章

1　スクールカウンセラーの設置と現状

　我が国の学校では不登校の急増に加え、いじめ、暴力行為、学級崩壊、虐待問題、学力低下などの多岐にわたる問題を抱えている。このような深刻な状況に対応し、児童生徒の問題行動や不登校の未然防止・早期発見・早期対応をするために、2001年から、子どもたちの悩みや不安を受け止め、相談に当たり、関係機関と連携して必要な支援を行うための「心の専門家」を配置するスクールカウンセラー等活用事業が国庫補助のもとに始まった。スクールカウンセラー（以下、SCと略記する）とは、心の専門家として、公立の小学校や中学校、高等学校、中等教育学校に配置される、児童生徒の臨床心理に関して高度な専門的知識や経験を有する者である。文部科学省によれば、SCに該当する者として、「臨床心理士、精神科医、児童生徒の臨床心理に関して高度に専門的な知識及び経験を有する大学教授等」とされている。また、SCに準ずる者として、大学院修了者（相談業務経験1年以上）や大学・短大の卒業者（相談業務経験5年以上）、医師（相談業務1年以上）もSCになることができる（文部科学省 2017b）。実際の配置状況を見ると、2014年度にSC等として配置された者（7344人）のうち臨床心理士が83.7％、精神科医が0.1％、大学教授が1.0％、その他SCに準ずる者が15.2％となっている（文部科学省 2015）。なお、2015年9月に心理学の国家資格である公認心理師法が公布されており、今後は、公認心理師の資格が重要な要件となっていくと考えられる。

　SCは、各都道府県、政令指定都市が雇用の主体となるが、その費用の3分の1は国庫補助となっており、SCの勤務形態としては非常勤職員が多い。週

に1日か2日ほど、担当の学校へ出勤をしたり、「午前中だけ」、「午後だけ」などという半日の勤務の形態であったりすることもある。また、SCの一日のすごし方は、相談室で面接をするだけではなく、要請があれば学級活動や学校行事に参加し、心理臨床的な視点を重視して教育活動を支援している。また、通常配置のSCに加え、被災した幼児児童生徒・教職員等の心のケアや、教職員・保護者等への助言・援助、学校教育活動の復興支援、福祉関係機関との連携調整等様々な課題に対応するため、緊急にSC等が派遣される場合の費用は全額国庫補助となっている。

　1995年度の創設当時のSCの配置校数は、154校（小学校29校、中学校93校、高等学校32校）であったが、2014年度には2万2013校（小学校1万1695校、中学校8404校、高等学校1454校、その他中等教育学校等460校）と、約143倍に拡大した（文部科学省 2016b）。2014年度の学校基本調査による学校数をもとにすると、SCが配属されたのは国公立の小学校の56.7％、中学校の85.9％、高等学校の39.9％に当たる。文部科学省は2017年度の予算書の中で2019年度までに全小中学校にSCを派遣することを目標にしており、今後もSCの配置率は上昇していくと予想される。スクールカウンセラーの配置校数の推移を

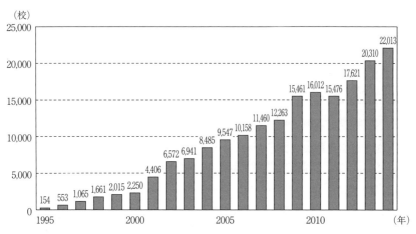

図3-1　スクールカウンセラー配置校数の推移（1995年～2014年）
（文部科学省 2016bをもとに筆者作成）

図 3-1 に示した。

中央教育審議会 (2015) は、SC 配置の成果として、「学校の教育相談体制の強化」、「不登校の改善」、「問題行動の未然防止、早期発見・早期対応」などを挙げ、96 ％以上の学校が SC の必要性を感じているとして、今後も SC の配置の拡充、資質の確保が望まれるとしている。

2 スクールカウンセラーの職務

文部科学省は、これまでの教育相談が問題発生後の個別事案への対応に重点が置かれていたことを指摘し、登校、いじめや暴力行為等の問題行動、子どもの貧困、虐待等について、①未然防止、早期発見、早期支援・対応、②学校内の関係者のチームとしての取り組み、関係機関と連携した体制作りなどを通知し、教育相談の体制作りを学校に求めている (文部科学省 2017a)。この体制作りのための SC の職務として、問題行動などの未然防止と早期発見のために、（ア）児童生徒及び保護者からの相談対応、（イ）学級や学校集団に対する援助、（ウ）教職員や組織に対するコンサルテーション、（エ）児童生徒への理解、児童生徒の心の教育、児童生徒及び保護者に対する啓発活動の 4 つを挙げている。さらに、問題が発生した際の援助のための SC の職務として、（ア）児童生徒への援助、（イ）保護者への助言・援助、（ウ）教職員や組織に対するコンサルテーション、（エ）事案に対する学校内連携・支援チーム体制の構築・支援の 4 つを示している (教育相談等に関する調査研究協力者会議 2017)。

もともとカウンセラーは基本的に個別的な一対一の関係の中で仕事をしてきた。しかし、学校は一対一の面接室だけの関わりではなく、集団の中に個が存在する場でもある。日常の教育活動の中では個と関わりながらも同時に集団との関わりもあり、さらに相互の影響を意識して関わらなければならない。このような状況を理解しながらの活動が SC に求められている。そのため SC にはカウンセラーとしての専門性を身につけていて、ある程度の社会体験があり、また、教育活動の中で活かせる専門性を自ら作り上げようとす

30 第Ⅰ部 教育相談の基礎

る積極性が必要である。

　学校という組織は他の組織と異なり、独自の学校文化や教師文化や風土を持っている。それらは地域性や学校の規模、校種などによっても異なるという特徴がある。SCには独自の学校文化に対応できることが期待されるが、一人のSCがすべての問題に対応できるとは限らない。そのような場合、教師・学校は自校に配置されているSCのみに過度な期待をしないようにしたい。他校に配置されているSCにも協力を仰いだり、複数のSCの協働を図ったりすることも必要である。教師・学校は、SCと相互に情報共有をしながら、実効性のある支援を考えていかなくてはならない。

　以下の節では、SCの配置によって得られる効果について述べる。

3　スクールカウンセラーの活動の成果、課題

スクールカウンセラーの配置と学校の教育相談体制の強化

　学校内でSCが十分に機能するためには、学校の運営や教師の教育活動の理解が必要である。そのために、教師とSCとのパイプ役が必要になる。その役割は、小学校では教頭や教務主任が、中学校では生徒指導主事や教育相談担当が、担うことが多い。こうした校務分掌上での担当配置から教育相談体制の組織化が始まった。そして、教師とSCが連携して子どもの問題に関わるために、担任や学年の教師、あるいは学校全体の教師との情報交換の必要性が認識され、情報交換をもとに問題の見立てや方針、関わり方、役割分担などの話し合いが行われるようになった。そこで、SCとの連携や協働のための打ち合わせ会を定期的な会議として行うようになった。このように、教師だけの学校という場に、外部の専門家が加わったことで、教育相談体制の組織化が促進された。また、校内だけでは対応が難しく医療機関等との連携が必要な場合には、SCがそのパイプ役になり、学校での支援状況や留意点を伝え、他機関とのよりよい連携や協働をするための体制作りにつながった。このようにSCの導入によって、学校内外での教育相談体制の強化につながったのである。

子ども理解、対応に向けたスクールカウンセラー活用の効果

SC と教師がともに子どもに関わることで、「個を大切にする」、「背景を大切にする」など、カウンセリングマインドを活かした理解や関わり方を、教師は SC から学ぶことができる。また、児童生徒理解の幅を広げることができる。学校現場に配置された SC に対して、教師・学校は子どもや保護者の状況、子どもの人間関係や学習の状況などの情報を伝えたうえで、カウンセリングを進めるよう要望することも大切である。

さらに、保護者とのカウンセリングに SC を活用することによって、保護者にとっては教師以外に相談できる人ができるようになるだけでなく、学校や教師に対する不満等も SC には遠慮をしないで話すことができるようになる。これは、保護者の心の安定やゆとりにつながり、保護者の子どもに対する理解や対応の仕方の見直しにつなげることによって、子どもの問題行動の改善につながることが期待できる。教師にはこのような SC の特徴を踏まえ、積極的に SC を活用し、協働していく姿勢が望まれている。

問題行動の未然防止、早期発見・早期対応

SC の配置は、教師にカウンセリングマインドを持った指導を促し、教師が子どもの行動の背景にある心理的・身体的状況や生活環境などを理解して関わることを促進する。このことは、教師と子どもの人間関係をより温かいものにし、子どもの問題の早期発見、早期対応が可能になり、問題行動の未然防止につながると期待できる。

あるいは、SC を講師にして、教師向けの研修会や、保護者や地域向けの講演会などを開いたりして、学校ばかりでなく家庭や地域の教育力をも高めることによって、問題行動の未然防止、早期発見や早期対応につなげることも期待できる。

予防的教育相談としての未然防止教育

SC の学校への配置により、子どもの問題の発生に一定の歯止めはかかったものの、依然としていじめや子どもの自殺、子どもの貧困、児童虐待など、教育現場の抱える問題は多い。それらの問題の未然防止教育も大きな課題である。未然防止教育は教師が学級や学年などを対象にして授業形態で行うこ

とが基本であるが、SC の協力を仰ぎ、教師と SC が協働して授業を展開することも考えられる。

　未然防止教育のためのプログラムには、SC などの専門家と教職員が協働して、自校の教科や特別活動等の教育課程を見直し、それらの中で統合的にどのような教育プログラムができるのかを検討し、実践を通じて作成する必要がある。しかし、学校の実態に合った未然防止の教育プログラムを教師と SC やその他の専門家（スクールソーシャルワーカー等）とが協働して作成するには、これまで以上に組織的、計画的な打ち合わせの時間の確保が必要である。

　現在、文部科学省は、2019 年度までに、SC の全公立中学校（2 万 7500 校）への配置を目標にしている（中央教育審議会 2016）。今後、より一層の配置の拡充と資質の確保が望まれているが、SC の養成には相当の時間がかかり、資質の確保かつ配置拡充の要請に対応可能なのかが危惧される。

4　スクールソーシャルワーカー

スクールソーシャルワーカーの設置の経緯と現状

　学校における環境の改善は、学校管理職や教職員の役割であるが、家庭環境等の改善について、学校には特別の力はない。そのために、教師は保護者との信頼関係形成を大切にして、保護者の同意を得て関係機関との連携を行って環境の改善を図ってきた。

　しかし、近年、児童虐待への対応のように、保護者の意向に反しても、学校と福祉機関が連携を進めなければならない状況が生じている。また、特別な配慮を要する児童生徒への支援や子どもの貧困問題への対応等、学校が福祉機関とそれぞれの情報の共有を行い、状況に応じた支援を行う必要性が高まってきた。そのため、学校の枠を越えて、関係機関等との連携を強化し、児童生徒の問題の解決を図るためのコーディネーター的な存在として、教育分野に関する知識に加えて、社会福祉等の専門的な知識や技術を有するスクールソーシャルワーカー（以下、SSW と略記する）の関わりが教育現場に求められてきた。

第3章　スクールカウンセラーとスクールソーシャルワーカー　　**33**

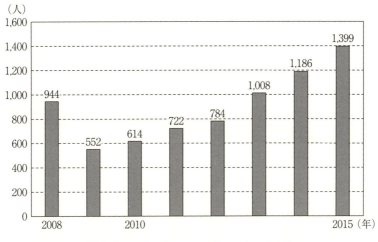

図 3-2　スクールソーシャルワーカーの人数

　このような背景から文部科学省は、2008年度に「スクールソーシャルワーカー活用事業」を国庫委託事業として開始した（文部科学省 2008）。しかし、2009年度には、SSW活用事業は、「学校・家庭・地域の連携協力事業」という補助事業の中に含まれ、全額国庫負担から補助が3分の1になり（文部科学省 2009）、SSW活用事業の実施も、SC活用事業のように、地方自治体の主体的な取り組みに委ねられるようになった。国の補助事業で配置されているSSW（文部科学省 2016b）は、2009年以降徐々に増加している（図3-2）。

　また、文部科学省は表3-1に示すように、SCとSSWの人材、職務内容などを区分するとともに、SSWに対応する国家資格として、社会福祉士、精神保健福祉士を指定している。表3-2に示すように、SSWにおける社会福祉士、または精神保健福祉士の有資格者の割合は徐々に増加してきており、2015年度には、SSWの50.0％が社会福祉士であり、28.2％が精神保健福祉士である。社会福祉士と精神保健福祉士の両方の資格を持っているSSWがいることが見込まれるので、SSWの75％が社会福祉の専門資格を持っているとはいえないが、SSWの過半数は専門資格を持つところまで普及してきている。一方、教員免許保持者が37.2％、心理の有資格者が15.9％おり、SSWに求められ

34　第Ⅰ部　教育相談の基礎

表 3-1　スクールカウンセラーとスクールソーシャルワーカーの比較

名称	スクールカウンセラー	スクールソーシャルワーカー
人材	児童生徒の臨床心理に関して高度に専門的な知識・経験を有する者	教育分野に関する知識に加えて、社会福祉等の専門的な知識や経験を有する者
主な資格等	臨床心理士、精神科医等	社会福祉士、精神保健福祉士等
手法	カウンセリング（子供の心のケア）	ソーシャルワーク（子供が置かれた環境〔家庭、友人関係等〕への働き掛け）
配置	学校、教育委員会等	教育委員会、学校等
主な職務内容	①個々の児童生徒へのカウンセリング ②児童生徒への対応に関し、保護者・教職員への助言 ③事件・事故等の緊急対応における児童生徒等の心のケア ④教職員等に対する児童生徒へのカウンセリングマインドに関する研修活動 ⑤教員との協力の下、子供の心理的問題への予防的対応（ストレスチェック等）	①家庭環境や地域ボランティア団体への働き掛け ②個別ケースにおける福祉等の関係機関との連携・調整 ③要保護児童対策地域協議会や市町村の福祉相談体制との協働 ④教職員等への福祉制度の仕組みや活用等に関する研修活動

（文部科学省 2015）

表 3-2　スクールソーシャルワーカーの数と有資格者の割合

	2008 年	2009 年	2010 年	2011 年	2012 年	2013 年	2014 年	2015 年
雇用した実人数	944	552	614	722	784	1,008	1,186	1,399
社会福祉士	183	188	230	292	331	440	558	699
	19.4 %	34.1 %	37.5 %	40.4 %	42.2 %	43.7 %	47.0 %	50.0 %
精神保健福祉士	88	93	118	166	182	249	298	395
	9.3 %	16.8 %	19.2 %	23.0 %	23.2 %	24.7 %	25.1 %	28.2 %
教員免許	449	240	232	279	331	399	428	520
	47.6 %	43.5 %	37.8 %	38.6 %	42.2 %	39.6 %	36.1 %	37.2 %
心理に関する資格	186	100	97	137	148	140	192	223
	19.7 %	18.1 %	15.8 %	19.0 %	18.9 %	13.9 %	16.2 %	15.9 %
その他	113	73	101	138	126	163	211	260
	12.0 %	13.2 %	16.4 %	19.1 %	16.1 %	16.2 %	17.8 %	18.6 %
無資格	151	58	55	58	64	77	90	96
	16.0 %	10.5 %	9.0 %	8.0 %	8.2 %	7.6 %	7.6 %	6.9 %

注：割合は雇用した実人数に対する割合。　　（文部科学省〔2016b〕をもとに筆者作成）

第3章　スクールカウンセラーとスクールソーシャルワーカー　**35**

る業務内容と、SSW の職務の専門性への理解が教育委員会には望まれる。

　SSW の勤務の形態はほとんどが公的機関の非常勤職員として所属し、学校からの要請で定期的に学校へ巡回勤務したり、要請時のみの学校勤務だったりする。巡回では、同一学校に月に1〜2回の一日勤務や半日の勤務形態が多い。そして、学校へ出向いて面接室で子どもや保護者と福祉的な視点で面談することもあるが、家庭訪問や他の専門機関との連絡調整のために学校外で活動することも多い。支援活動の内容として、「家庭環境の問題」、「不登校」、「発達障害等」が多い。

スクールソーシャルワーカーの役割

　文部科学省（2016a）は、SSW の役割として、①問題を抱える児童生徒が置かれた環境への働きかけ、②関係機関等とのネットワーク構築、連携・調整、③学校内におけるチーム体制の構築・支援、④保護者、教職員等に対する支援・相談・情報提供、⑤教職員等への研修活動、の5つを示している。

　SSW と SC の役割は重なる部分も多いが、文部科学省は表3-1のように SC と SSW の特質を区分している。SSW は、福祉の専門家として、問題を抱える児童生徒が置かれた環境への働きかけや関係機関等とのネットワークの構築、連携・調整、学校内におけるチーム体制の構築・支援などの役割に特徴がある。特に、子どもの貧困問題や児童虐待に関する問題は生活環境の調整や心理面の支援も大きな課題になる。このようなとき、SSW には SC や学校とともに、福祉関係機関等と連携・協働して子どもや家庭への支援を効果的に行うことが期待されている。

SSW の活動の成果と課題

　文部科学省（中央教育審議会 2015）は、SSW の配置の主な成果として、関係機関との連携の強化やケース会議（たとえば、生徒指導主事、教育相談担当、担任、SC、SSW、ときには管理職が加わる）等により組織的な対応が可能となったことを挙げている。さらに、調査対象の約75％の学校が、「必要性を感じている」としており、量的拡充・資質の確保が望まれていると述べている。

　しかし、大多数の都道府県、市町村の学校では、SSW の勤務日数が限られていて、生じた問題にタイムリーに対応することが難しかったり、教師との

情報交換やチーム会議、教師への研修等の時間確保などの問題があったりして、連携のために柔軟な対応がしにくいという課題も指摘されている。また、都道府県、市町村の財政事情によって配置等の拡充が難しかったり、SSWに相当する資格を持つ人材が不足していて、地域によっては人材の確保が難しい状況もあったりする。さらに、SSWが将来的に学校に必要な職員として活用が進められるには、養護教諭や学校栄養職員のようにSC、SSWも職務内容等を明確にしていくことが必要である。

このように様々な課題はあるが、SSWの配置の量的拡充や資質の確保には、行政の支援はもちろんであるが、それぞれの学校の管理職が積極的に活用への意欲を持ち、活用の意義を理解し、活用へのリーダーシップを取っていく必要がある。

5 「チームとしての学校」におけるスクールカウンセラー、スクールソーシャルワーカー、教師の協働

文部科学省は、これまでSC、SSWの導入、特別支援教育の充実、関係機関との連携強化を進めてきた。このような活動をさらに促進し、そして、これからの学校の抱えている課題を解決するため、中央教育審議会は、「チームとしての学校」の構築を提案している（中央教育審議会 2015）。ここでは、教員が個別に教育活動に取り組むのではなく、心理や福祉の専門家であるSCやSSWを学校組織の標準的な専門職と位置づけ、教職員や教育活動を支援するサポートスタッフとともにチーム体制を構築することを提案している（図3-3を参照）。

SCは、多くは小中学校に配置され、家庭環境の改善や不登校、発達障害等への心理的な支援を中心に行ってきた。SSWの活用が始まっていない時期には、SCが家庭訪問で家族に関わったり、外部機関との連携調整まで担っていたりしたため、SCとSSWの役割や活動の区別を十分理解していない教師は多い。今後はSCやSSWの役割や活用方法を教職員が周知し、そのうえでそれぞれの学校の実態に応じた連携や協働の仕方を模索する必要がある。

第3章　スクールカウンセラーとスクールソーシャルワーカー　　**37**

「チームとしての学校」像（イメージ図）

従来
- 自己完結型の学校
  （鍋ぶた型、内向きな学校構造
  「学年・学級王国」を形成し、教員間の連携も少ないなどの批判）

現在
- 学校教職員に占める教員以外の専門スタッフの比率が国際的に見て低い構造で、複雑化・多様化する課題が教員に集中し、授業等の教育指導に専念しづらい状況
- 主として教員のみを管理することを想定したマネジメント

チームとしての学校
- 多様な専門人材が責任を伴って学校に参画し、教員はより教育指導や生徒指導に注力
- 学校のマネジメントが組織的に行われる体制
- チームとしての学校と地域の連携・協働を強化

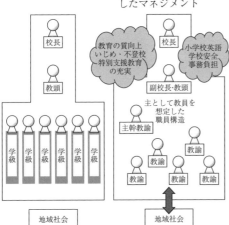

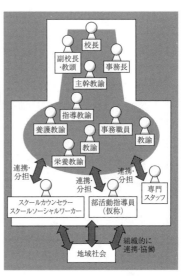

（注）「従来」「現在」の学校に係る記述は、学校に対するステレオタイプ的な批判等を表しているものであり、具体の学校、あるいは、全ての学校を念頭に記述しているものではない。

（注）専門スタッフとして想定されるものについては、本答申の22ページを参照。また、地域社会の構成員として、保護者や地域住民等の学校関係者や、警察、消防、保健所、児童相談所等の関係機関、青少年団体、スポーツ団体、経済団体、福祉団体等の各種団体などが想定される。

図3-3　「チームとしての学校」像

（中央教育審議会 2015）

38　第Ⅰ部　教育相談の基礎

　連携・協働する場合には、問題解決に向けたケース会議の開催が重要である。ケース会議はSCやSSWと担任との情報交換の小さな会議から学校全体の大きな会議までのいろいろな規模がある。ケース会議が基盤となり、事例の解決に向けた情報交換や事例の見立て、方針、役割分担、関わり方などを検討し、見直しながらそれぞれがチームの一人として事例の解決に向けて関わっていく。教師やSC、SSWなど、全職員の一人ひとりが子どもへの支援者であるという意識と自覚が高まることが、連携や協働への重要なポイントとなる。

〈事例１〉　不登校改善に向けた小中連携とSC活用

　女子児童Ａ子（小学校６年生）は、母親の精神状態に大きく左右される傾向にあり、不登校傾向が続いていた。担任は校長、教頭、養護教諭と相談し、同学区の中学校に配属されているSCにカウンセリングを依頼した。Ａ子と母親は、中学校でSCのカウンセリングを受けることに同意をしたので、小学校在籍中に、何度も中学校で面談を受けた。SCや担任は、中学校の養護教諭や教頭と打ち合わせをして、Ａ子の中学校への抵抗感を減らせるように、ときには中学校の養護教諭や教頭と、偶然、顔を合わせられるような機会を作った。SCは２人との面談の内容から、中学校入学に向けたＡ子や母親に対する配慮事項等を小学校の担任や管理職に伝えた。小学校から中学校へそれらの内容が伝えられ、中学校はＡ子の入学に備えた。入学後もカウンセリングは継続され、ときどき欠席はあるものの、登校はできている。

　課題１　小中連携で、教師とSCが気をつけることは何か。
　課題２　教師がSCのカウンセリングを紹介するときの注意点を考えよ。

〈事例２〉　発達障害のある児童対応のためのSC活用

　男子生徒Ｂ男（中学校１年生）は、入学以来、授業中の立ち歩きや暴言など不安定な行動が多く、特別支援教育支援員による個別支援が欠かせなかった。担任は困って、管理職に学校全体での組織的な対応を相談し、全校体制の対応を行ったが、一向に改善が見られないので、学校はSCにＢ男への対応のための助言を依頼した。Ｂ男の保護者とＢ男はSCとの面談を了解した。SCは面談の中で、学級でのＢ男の状況などの確認を行った。何回かの面談を繰り返し、母

第3章　スクールカウンセラーとスクールソーシャルワーカー　　**39**

親の信頼が得られた時期に、SC は母親に専門機関（医療機関）への受診を勧め、また、特別支援学校・専門相談員や教育センターとの連携が必要な場合には、SC がそれらのコーディネートも担うことを提案した。保護者は B 男を受診させて、B 男の傾向を理解し、B 男に様々な人が関わることの必要性を理解した。SC や担任・学校の組織的な対応が奏功し、保護者の精神的な安定が得られ、B 男の授業中の不安定な言動等が減少した。

> **課題1**　教師が SC に子どもの問題行動等へ理解の仕方や対応方法等の助言を得るための依頼の仕方を考えよ。
>
> **課題2**　専門機関等の受診の必要の可能性がある子どもの保護者に、SC が専門機関を紹介するときの注意点を考えよ。

〈事例3〉　不登校児への居場所作り

不登校で引きこもり傾向のあった男子児童 C 男（小学校3年生）は、担任や学校の教師とはなかなか話せない状況であった。しかし、来校する SC には抵抗感が少なかった。SC が C 男と関わり、不登校の背景に保護者のネグレクトの傾向もあると考えられた。そのため SC は学校ばかりでなく家庭を取り巻く環境の調整も必要と考え、担任や学校と相談し、SSW とのチーム支援を提案した。SC が核となり、校内チーム支援体制を確認し、校内ケース会議には、SSW が支援チームに加わり他機関とも協働して、当該の家庭を取り巻く学校、区役所の民生こども課、保護課などが連携し、一体となって対応した。これらの対応が保護者の安心感を強め、保護者は子どもへの関わり方を見直すことができるようになり、C 男は、教育支援センター（適応指導教室）に通うことができるようになり、居場所を広げることができた。

> **課題1**　ネグレクトの傾向のある保護者に関わるときの担任の注意する点を考えよ。
>
> **課題2**　SC と SSW の役割や活動の違いを考えよ。

引用・参考文献

教育相談等に関する調査研究協力者会議　2017『児童生徒の教育相談の充実について—学校の教育力を高める組織的な教育相談体制づくり（報告）』

中央教育審議会　2015『学校における教育相談に関する資料（教育相談等に関する調査研究協力者会議　第1回会議配付資料）』

　http://www.mext.go.jp/b_menu/shingi/chousa/shotou/120/gijiroku/__icsFiles/

afieldfile/2016/02/12/1366025_07_1.pdf

中央教育審議会　2015『チームとしての学校の在り方と今後の改善方策について（答申）（中教審第 185 号）』文部科学省

中央教育審議会　2016『教職員定数に関する平成 29 年度概算要求について（教育課程部会配布資料）』文部科学省

文部科学省　2008『スクールソーシャルワーカー実践活動事例集』

文部科学省　2009『スクールソーシャルワーカー活用事業』

文部科学省　2016a『スクールソーシャルワーカー活用事業実施要領』文部科学省

文部科学省　2016b『平成 27 年度　スクールソーシャルワーカー活用事業実施結果（概要）』

文部科学省　2017a『児童生徒の教育相談の充実について（通知）（28 文科初第 1423 号　平成 29 年 2 月 3 日）』

文部科学省　2017b『スクールカウンセラー等活用事業実施要領』

http://www.mext.go.jp/a_menu/shotou/seitoshidou/1341500.htm

カウンセリングの技法を活かした教師の指導

第4章

1 教師に求められるカウンセリングマインド

　第1章で述べたように、教育相談において、教師にはカウンセリングマインドが必要であるとされている。カウンセリングマインドを活かした教師の指導として、今井 (1986) は、①生徒を尊重する、②生徒理解を究める、③人間関係を重視する、④生徒を主体にする、⑤気持ちを受容しても行為を認めないの5つを挙げている。文部省 (1990) は、教師に望まれるカウンセリングマインドについて、「①単なる技法を越えた人間としての在り方を問題にしていること。②理解し、理解される教師と生徒との人間関係をつくることを大切にすること。③児童生徒の自主性・自発性・自己決定力を尊重し、これらを伸ばすための援助としての姿勢を大切にすること」としている。このように見てくると、教師に求められているカウンセリングマインドとは、教育相談活動の技法ではない。第1章で述べたように、児童生徒や保護者に接するときに、カウンセリングの基本的態度や技法をコミュニケーションの技法として用いて、相手の話をじっくり聞き、相手の気持ちや考えを尊重し、相手の心に寄り添うことである。また、それは教師の教育活動全体を通じて教師が実践すべきものであり、教師が備えるべき基本的姿勢であるといえよう。

2 教育相談に活かすカウンセリングの態度と技法

カウンセリングの基本的態度と教育相談

　本節では、カウンセリングマインドを活かした教師の指導という考え方の

42 第Ⅰ部 教育相談の基礎

基礎的となったカウンセリングの方法の一つである「クライエント（来談者）中心療法」の理論を中心に、その基本的態度や技法を説明し、さらに教師の行う教育相談に活かす方法について述べる。

「クライエント中心療法」とは1940年代にロジャーズによって始められたカウンセリングの一技法である（田畑 1993）。その基本的な前提には、すべての個人に成長する潜在能力があるというロジャーズの人間観がある。この人間観は児童生徒との関係の中で教師が持つ信念として重要なことだといえる。この人間観に基づくロジャーズのカウンセリング観では、生じている事象や問題を相談者の視点で捉えることが重要である。この考え方から、彼の技法は「クライエント中心療法」と呼ばれている。

この療法は、相談者とカウンセラーとの間に「心理的な接触」があることを重視している。カウンセラーが関心を持ち理解しようとしてくれているという雰囲気を相談者が感じられることによって、両者の信頼関係が築かれる。この信頼関係のことをラポールという。

ロジャーズはカウンセラーの持つべき基本的態度として、「傾聴」の重要性を指摘している。傾聴とは、耳を傾け、心を傾け、相談者の話を真剣に聞くことである。「傾聴＝アクティブリスニング」といわれることもある。アクティブリスニングとは「積極的に聴く」ことである。つまり、「うなずき」や「相づち」によって聴いている姿勢を積極的に見せるのである。この傾聴の姿勢は教師の児童生徒に対する基本的な姿勢にも通じるものがある。すなわち、教師が「聴きたいことを聴く」のではなく、「子どもがいいたいこと、わかって欲しいこと」を受容的・共感的態度で「聴く」ことによって、児童生徒は「自分のことを真剣に先生が聴いてくれている、自分のことをわかろうとしてくれている」、と感じ、教師への信頼感を持つようになるのである。

ロジャーズはこの傾聴のためには、①自己一致、②受容、③共感的理解の3つの重要な要素があると指摘している。第1の自己一致とは、カウンセラーが「ありのままの自分を受け入れる」ことである。受け入れるということはそれを「良い」と肯定することではない。良いと思えることも、「駄目だ」と思える自分も、「それが今の自分だ」と、ありのままに受け止めること

である。もちろん、理想とする自己概念と実際の自分、すなわち現実自己の一致は決して簡単ではない。しかし、理想自己と現実自己がかけ離れているほど、実際の自分よりも相手に良く見せようとしてしまうので、できるだけ自己一致ができるようにカウンセラーは心がけるべきであるとされている。

　ところが、教師は、この自己一致がカウンセラー以上に困難な場合がある。たとえば、児童生徒の気持ちを尊重して、援助をしてやりたいと思いながら、一方で教師には、他の児童生徒への影響や学校全体の秩序を配慮した指導的な態度も必要になる。教育相談的な関わりをするときには、児童生徒の気持ちや感情を受け止めながらも、教師は完全な自己一致を目指すのではなく、児童生徒の問題行動が限界を越えたときは毅然とした態度を示さなくてはならない。

　第2の受容とは、無条件の積極的関心とも呼ばれる。相談者の経験している感情などすべての側面について、それらを相談者の特徴として関心を持ち受け止めることをいう。「無条件」とは、良い・悪い、望ましい・望ましくないといった価値観による判断をすることなく、クライエントの経験を、そのまま尊重し受け止めることである。たとえば、相談者の話に「なるほどね。そのときあなたはそう感じたんだ」と、相づちを打つように応えることである。ただし、第1章に述べたように、受容することと、容認することとは同じではない。たとえ、それが理不尽なことであっても、頭から否定したり、常識を押しつけたり、先入観で相手を見たりすることなく、相手のありのままをまず受け止めることが受容である。

　教師が相談者の話をしっかり聞き、受容することによって、相談者は「この先生になら何を話しても大丈夫」、「この先生は、私の気持ちを否定しないで受け止めてくれる」、という気持ちになるであろう。

　第3の共感的理解とは、相談者の心の世界をあたかも自分のものであるかのように、相談者の気持ちに「寄り添って感じる」ことである。児童生徒の体験や感情をそのまま理解することは難しいが、相手がなぜそのように考えるのか、感じるのかについて、相手の視点に立って理解しようとすることが重要となる。共感的理解を心がけることによって、児童生徒は「わかっても

らえた」という安心感を持ち、教師への信頼を深めることにつながるのである。

　以上に述べてきたカウンセラーの3つの態度は、教師と児童生徒との信頼関係構築にとって有益な示唆を与えてくれる。そして、この信頼関係は、狭義の教育相談の場面だけでなく、教育活動全般にとっても、必要なものである。

教育相談に活かすカウンセリングの技法

　先に述べたように、カウンセリングにおいては、相談者とのラポール、すなわち信頼関係の構築が大切である。カウンセリングではラポールを形成するために様々な技法が用いられる。このラポール形成のためのカウンセリングの技法は、教師と児童生徒の間の信頼関係を築くうえでも有効である。

　表4-1にその技法の主要なものを示した。「感情の受容」とは、相手の言葉・感情などを、自分の価値観で批判したり、評価をしたりせず、そのまま、ありのままに受け入れることである。

　たとえば、「先生、学校をやめたい」と子どもがいってきたとき、「何いってるんだ。学校をやめてどうするんだ」という先生の答えでは子どもの気持ちをはじめから否定してしまっており、受容になっていない。「いいんじゃない。やめれば」では、子どもの気持ちを肯定しているかのように見えるが、気持ちを受容することなく、突き放したようになってしまう。受容とは、相手の思いを汲んで、「そうかぁ、君は学校をやめたいと思うほど、苦しんでいるんだね」とか、「どうしたのかな。何かあったの」と、肯定でも否定でもなく受け止めることが受容である。たとえば、万引きをした子どもに対して、そうせずにいられなかったその子どもの心・感情を理解し、受け入れ、その子どもの行動を肯定するのではなく、その子の今現在を肯定するということである。

　「繰り返し」とは、相談者がいった言葉をそのまま繰り返すことである。たとえば、相談に来た母親が「子どもに勉強しなさいというと、嫌だと反発ばかりしてきます」といった後に、「勉強が嫌だと反発してくるんですね」と繰り返すことである。このように重要だと思う言葉が繰り返されることで、

第4章　カウンセリングの技法を活かした教師の指導　**45**

表4-1　教育相談に活かすカウンセリング技法

自由な感情表現を促進させる技法		具体例
感情の受容	相談者が示した感情を、教師の価値観で評価をしないで、その相談者自身の感情として受け入れること。	うなずいたり、「なるほど」、「そうですか」などの簡単な応答をしたりする。
繰り返し	相談者が話したことを、そのまま繰り返すこと。繰り返しがうまくいくと、相手はわかってもらえたという感じがする。	「仲のよかった友達とけんかしたのですね」、「仲直りをしたいのですね」など、できるだけ表現されたまま繰り返す。
感情の反映	相談者がうまく言語化できない感情を言語化する。	「あなたは怒っているんですね」、「あなたはとても悲しかったのね」。
明確化	相談者が自身のことをうまく説明できていないとき、明確にできるように支援する。	「あなたは、悲しかったのですか？　それとも悔しかったのですか？」など、相談者が内省しやすい問いなどをする。
非指示的リード（質問）	相談者の抱える問題を明確にし、話の内容を整理する。	「それは、こういうことですか、もう少し説明してくれませんか」、「そのほかに、話してみたいことはありませんか」。
関係を積極的に促進させる技法		具体例
フィードバック	教師が相談者についてどのように理解しているかを伝える。	「あなたは、友達にいいたいことがいえなくて悩んでいるんですね」、「あなたは、積極的になりたいと思っているんですね」、など、教師が児童生徒の内面をどのように理解したかをわかりやすい表現で伝える。

（田畑〔1993〕を参考に筆者作成）

相談者は自分の話をきちんと聞いてもらえていると感じる。また、ポイントとなる言葉が繰り返されることで、相談者は自分自身の話の要点を確認することができ、相談者自身を客観視することにつながる場合もある。しかし、上手に「繰り返す」のには、ある程度の慣れが必要である。深く考えず機械的に繰り返すと、相談者は話を真剣に聞いてもらえていない、馬鹿にされているのではないか、と感じてしまうことになりかねない。効果的な「繰り返し」のためには、適切なタイミングや回数を把握するなど、慣れと経験が必要である。

相談者の話があちらこちらに飛んでいて、整理できておらず、話が長くなってしまうこともしばしば起きる。このようなときは、「繰り返し」の技法の発展型である「明確化」の技法が有効になる。話の不要な部分を取り除いて、「要するに、こんなことがいいたいのですね」と短くまとめることも有効である。うまく「明確化」されることで相談者は、自分の中で曖昧になっていた問題意識に改めて気付くことができるのである。

相談者は、自分の話したいことを十分に話せていなかったり、説明が不足していたりすることもある。このような場合は、非指示的に相談者をリードし、「それはどういうときに起きるのですか」とか、「そのときの気持ちはどうでしたか」などと質問したり、「ここのところをもう少し話してくれませんか」といって、話をつなげていったりするのが「非指示的リード」である。

3 教師が行う教育相談

教師が行う教育相談とは、相談室などで個別に行う相談だけではなく、日常的な教師の教育活動の中において実践されるべきものである。そのためには、教師と児童生徒との相互の信頼関係のうえに実践される必要がある。

日常的な児童生徒との触れ合いの中での教育相談

休み時間や放課後など教師が児童生徒と触れ合う機会はたくさんある。その中で児童生徒の様子を把握することができる。個々の児童生徒と関わることで、それぞれの特性を詳しく理解することができる。

また、特別に相談という形を取らなくても、何気ない雑談の中で児童生徒からの相談を受けることもあるだろう。その際、教師は児童生徒の気持ちに寄り添って対応することが大切となる。

教室の中での教育相談

教育相談は、教育活動全般を通して行われる。したがって、授業においても、教師は指導的であると同時に、必要に応じて受容的な関わりを使い分けていく必要がある。たとえば、授業に集中できない児童生徒がいたとする。そのとき、その児童生徒に対して授業に集中するよう指導するに当たって、

一方的に注意するのではなく、なぜその児童生徒が授業に集中できないのかを考え、当該の児童生徒が持つ何らかの困難さに気付き、その気持ちを受け止めたうえで、どうすればよいのか説明し、納得させるような指導を心がけたい。

また、個々の児童生徒の特性について把握していれば、ある児童生徒が活躍できる場を設定することができ、児童生徒の自己肯定感を高めることも可能になるだろう。

部活動での教育相談

小学校高学年になると部活動が始まる。部活動では上級生や下級生との関係も生じるようになる。その中で、対人関係に様々な不安や困難を抱える場合がある。このような場面において、どのように人間関係を築いたらよいのかを個人および集団において考える実践の中での援助が必要である。

また、部活動の担当者と担任などが児童生徒の様子について情報交換を行うことで、児童生徒理解も進むであろう。

保護者への教育相談

教師は、児童生徒だけではなく、その保護者からの相談を受けることもある。その場合もやはり、保護者との間に信頼関係が必要となる。

保護者からの相談は、クレームに近いものから深刻なものまで様々なものがある。しかし、保護者のほとんどは、自分の子どものことが心配だったり不安だったりして相談してくるのである。中には、心配や不安が先走ってしまい感情的になるケースもあるであろう。しかし、教師は感情的に相談を受け止めるのではなく、その背後の保護者の気持ちに寄り添って対応することが大切なこととなる。

4 日常の教育活動の中で活用できる教育相談の方法

本節では、日常の教育活動の中で活用できる教育相談の方法を紹介する。表4-2に主な方法であると考えられる6つを紹介する（文部科学省 2011）。

各方法の詳細を、研修会などに参加して十分に理解したうえで行うことが

48　第Ⅰ部　教育相談の基礎

表 4-2　日常の教育活動の中で活用できる新たな方法

グループ エンカウンター	「エンカウンター」とは、「出会う」という意味である。グループ体験を通しながら他者に出会い、自分に出会う。人間関係作りや相互理解、協力して問題解決する力が育成される。集団の持つプラスの力を最大限に引き出す方法といえる。学級作りや保護者会などに活用できる。
ピア・サポート活動	「ピア」とは児童生徒「同士」という意味である。児童生徒の社会的スキルを段階的に育て、児童生徒同士が互いに支え合う関係を作るためのプログラムである。
ソーシャルスキル・ トレーニング	様々な社会的技能をトレーニングにより育てる方法である。「相手を理解する」、「自分の思いや考えを適切に伝える」、「人間関係を円滑にする」、「問題を解決する」、「集団行動に参加する」などがトレーニングの目標となる。
アサーション トレーニング	「主張訓練」と訳される。対人場面で自分の伝えたいことを、しっかり伝えるためのトレーニングである。「断る」、「要求する」といった葛藤場面での自己表現や、「ほめる」、「感謝する」、「嬉しい気持ちを表す」、「援助を申し出る」といった他者との関わりをより円滑にする社会的行動の獲得を目指す。
アンガー マネジメント	自分の中に生じた怒りの対処法を段階的に学ぶ方法である。「キレる」行動に対して、「キレる前の身体感覚に焦点を当てる」、「身体感覚を外在化しコントロールの対象とする」、「感情のコントロールについて会話する」などの段階を踏んで怒りなどの否定的感情をコントロール可能な形に変える。
ストレス マネジメント教育	様々なストレスに対する対処法を学ぶ方法である。はじめにストレスについての知識を学び、その後「リラクゼーション」、「コーピング（対処法）」を学習する。

(文部科学省〔2011〕より一部改変)

必要である。また、授業の中で取り入れたり、学級会などの教科外の活動に取り入れたりするような工夫も考えられる。

　授業実践を開発的教育相談に活用することも考えられる。このような教育実践は、グループエンカウンターやピア・サポート活動、ソーシャルスキル・トレーニングなどと同じ効果が期待できる。

〈事例 1〉　悩みを打ち明けたそうにしている生徒への対応

　穏やかで成績上位の女子生徒 B 子（中学校 2 年生）が、放課後の教室で、友人たちとクラス担任の C 先生と、近況や好きなアイドルの話をしていた。会話が

第4章　カウンセリングの技法を活かした教師の指導　**49**

一段落して、友人たちは帰宅していくが、B子はなかなか帰ろうとしない。彼女は、以前C先生に進学先について両親と意見が合わずに悩んでいると伝えていた。この日も何か話したそうにしている。

　課題　B子はなかなか話を切り出せずにいる。教師として、どのように会話の糸口を作り、具体的にどのような言葉がけをするか考えよ。

〈事例2〉　あいさつを促す指導

　朝、学校へ行く途中に自分の学校の男子児童D男（小学校6年生）に会い、「おはよう」と声をかけた。しかし、児童からは何の返事もなかった。

　◆**教師Aの対応**

　教　師：「おはよう」

　児　童：「………」

　教　師：「おい待て！」

　　　　　「先生が、おはようといっているのに返事をしないでいいのか。」

　　　　　「あいさつは基本だ。しっかりあいさつをするんだ！」

　◆**教師Bの対応**

　教　師：「おはよう」

　児　童：「………」

　教　師：「どうした？　今日は元気がないな。何か嫌なことでもあったのかい？」

　児　童：「何でもないです」

　教　師：「そうか、それならいいけど、ちょっと心配だな」

　課題　教師Aの対応と、Bの対応を比べ、教育相談的態度として、どう考えられるか考察せよ。

〈事例3〉　自分だけ叱られるという生徒の保護者からの電話相談

　女子生徒C子（中学校2年生）の保護者から電話があり、クラス担任B先生が学校の相談室で面談した。

　保護者：「うちの子にも原因があると思いますが、実は、A先生の授業になると、どうもうちの子は苦手なようで、とても嫌がるんです」

　教師B：「苦手と言いますと、どのようにですか？」

　保護者：「A先生は生活面では厳しいので、その点はよいと思うのですが、ただ、自分だけよく叱られるって言うんです。それでいやだと言うんです」

第Ⅰ部　教育相談の基礎

> 教師B：「自分だけ叱られると言っているんですね」
> 保護者：「そうなんです。理由を聞いてみるとよくわからないって言うんです。
> 　　　　　理由なく叱るってことはないはずだよ、と言ってもわからないって
> 　　　　　言うんです」
> 教師B：「叱られる理由がわからないから、いやなんですね」
> 保護者：「どうもそうなんです。理由がわかれば本人も納得すると思うので
> 　　　　　すが……」　　　　　　　　　　　　　（埼玉県立南教育センター　2000）
> **課題**　この教師の発言について、教育相談のどのような技法を用いているか、
> 　　　　また、その発言の効果を考察せよ。

引用・参考文献

今井五郎編著　1986『学校教育相談の実際』学事出版

埼玉県立南教育センター　2000『学校における生徒指導・教育相談の進め方―カウンセ
　リングの考え方を生かして』

田畑治　1993「Ⅲ　臨床心理面接の技法　A　2．クライエント中心療法」岡堂哲雄編
　著『心理面接学―心理療法技法の基本』垣内出版、pp. 150-178

文部科学省　1999『中学校学習指導要領解説（特別活動編）』

文部科学省　2011『生徒指導提要』

文部省　1990『生徒指導資料第21集　学校における教育相談の考え方・進め方』

保護者への対応の基本

第5章

1 保護者との関わりの重要さと難しさ

　子どもの教育において、学校・教師と保護者との連携、協力は欠かせない。しかし近年、保護者との関係や関わり方に悩む教師が増えている。教師への過度な要望や、理不尽な要求の対応に苦慮したり、保護者の子どもへの無関心や、教師批判に悩まされたりすることもある。

　表5-1に示すように、3分の2程度の教師が学校にクレームをいう保護者の増大を感じており、30％以上の教師が教師の指導を信頼している保護者の減少を感じ、半数から3分の2以上の教師が「自分の子どものことしか考えない保護者」の増大を感じている（ベネッセ 2010）。ところが、ベネッセの保護者への調査（ベネッセ 2018）では、子どもが通う学校に「満足している（とても＋まあ）」と回答した保護者の比率は、2004年（73.1％）、2008年（77.9％）、2012年（80.7％）、2018年（83.8％）と継続して増加し、約8割に達している。つまり、保護者の学校に対する満足感は増大しているにもかかわらず、教師はそのような保護者の満足感の増大を実感しておらず、保護者からのクレームや自己中心的な要求などにさらされているために、保護者からの信頼が減少していると思ってしまっているのである。

　教師の目から見ると、たとえば、一見、教育熱心であるが、自分の子どもの問題を認めず、学校や学級担任を批判する保護者がいたり、思い込みや自分の考えの正当性を主張するばかりで、教師の話を聞く耳を持たない保護者がいたりする。一方、教育に不熱心で関心を持たず、将来アスリートになるためには、勉強は不要で子どもは体を鍛えてさえいればよいという保護者も

52 第Ⅰ部 教育相談の基礎

表5-1 近年の保護者の変化

(%)

		小学校教員		中学校教員		高等学校教員
		2007年調査	2010年調査	2007年調査	2010年調査	2010年調査
学校にクレームをいう保護者	増えた	78.4	66.3	78.0	68.3	62.2
	変わらない	18.7	28.3	19.4	27.2	31.9
	減った	1.0	1.7	1.1	2.2	1.2
	無回答	1.9	3.7	1.5	2.3	4.8
教師の指導を信頼している保護者	増えた	2.8	2.9	2.4	2.6	3.0
	変わらない	49.0	58.4	47.1	54.6	58.9
	減った	46.1	34.7	49.0	40.5	33.1
	無回答	2.0	3.9	1.5	2.3	5.0
自分の子どものことしか考えない保護者	増えた	76.9	68.4	71.5	63.3	52.5
	変わらない	20.9	29.8	26.3	33.6	41.9
	減った	0.4	1.0	0.8	0.9	0.8
	無回答	1.8	3.8	1.4	2.2	4.8

いる。しかし、このような保護者も、実は子育てや子どもの学習に悩み、学校や教師に適切な助言、指導を得たいという気持ちを持っているものである。ところが同時に、自分の子育てや家庭の問題を指摘されたくないという気持ちも持っている。このような保護者のアンビバレントな気持ちを受け止めつつ、教師は保護者との信頼関係を構築していかなくてはならない。保護者への対応を間違ってしまったために、保護者からクレームなどの攻撃にさらされてしまう例も少なくない。

　教師が子どもとどんなによい関係を形成したとしても、保護者との関係がよくなく、教師の考えや意見と、保護者の考えや意見が大きく異なれば、子どもは両者の狭間で引き裂かれ、葛藤するであろう。逆に、保護者と教師が信頼関係で結ばれていれば、たとえ教師と子どもの気持ちや考えに少々のずれが生じても、保護者が家庭内で教師の気持ちを子どもに代弁し、子どもと教師との仲を取り持ってくれることになるかもしれない。保護者は学校教育の強力なパートナーなのである。

2 保護者との関わりの基本

　相手の人となりがまだよくわかっていないとき、教師も保護者も本心を隠し、表層的な付き合いをしようとする。このような段階に、自分の思いと反対のことをいわれれば、反発や批判的な気持ちを持ちやすい。教師は保護者との関係が悪化する前に、普段から保護者とのよい関係を作り上げておく必要がある。そのためには、教師は普段から以下のようなことに心がけておくべきである。

わかりやすい授業

　教師の本務はまず第1に授業である。日々の授業をしっかり行い、わかりやすい授業をしなくてはならない。わかりやすい授業ができれば、子どもたちは先生への信頼感を持つ。そして、その信頼感を家で保護者に語るであろう。子どもが先生のことを信頼している様子から、保護者は教師に会う前に、「よい先生」という認識を持つようになる。

子どものことを第1に考える姿勢

　保護者は、子どもの気持ちを受け止め、子どもの心に寄り添える教師であることを願っている。教師が子どものことを第1に考えている姿勢を示すことによって、子どものことを大切にしようとしている教師であることが保護者に伝わるであろう。

緊密な連絡と協働

　いじめなど学級の問題が起きたとき、子どもが怪我をしたときなど、隠し立てをせず問題を明らかにし、詳細に保護者に連絡・報告する。さらに、保護者と協力し合って、ともに問題の解決を図るよう努める。

　また、学校行事などに保護者の積極的な参画を求め、協働的に進めることも、教師への信頼を高めることになる。

3 保護者との面談の進め方

傾聴・共感・受容

　保護者に対応するときに、第1に求められるのは、保護者の話を親身になって、真剣に聞く「傾聴」の姿勢である。そして、保護者の気持ちを受け止めるように「共感的態度」で臨むことが大切である。教師には教師の教育観があるのと同様に、保護者には保護者の教育観や子育て観がある。教師は自分の教育観で保護者を批判したり、評価したりせず、まずありのままの保護者の考えや気持ちを受け止めるよう「受容的態度」で保護者に臨むようにしたい。そのためには保護者の気持ちを想像しながら親身になって話を聞き、保護者の多様な教育観を受け入れる柔軟性が必要である。

　保護者の話が教師に受容されることで、保護者は「この先生は私の気持ちをわかってくれる」、「この先生にならどんな話もまずは受け止めてくれる」という気持ちになり、安心して話すようになる。自分の考えや気持ちが受け入れられていると感じられると、相手の考えや気持ちを受け入れ、相手の話も聞こうという気持ちのゆとりが生まれるのである。

共感とねぎらいの言葉

　学校に保護者を呼んだとき、保護者はどのようなことをいわれるのだろうと不安であったり、身構えていたりする。教師は、保護者にすぐに説明や、質問したい気持ちになるものである。しかし、教師はそのような気持ちを抑え、はじめの言葉は保護者の気持ちを慮って、「ご心配ですね」とか、「お忙しい中、よくおいでくださいました」とか、「よくご相談くださいました」など、「共感」や「ねぎらい」の一言から始めるとよい。

　保護者に対して共感を忘れることなく、互いの理解を確認しながら、事実を整理し、問題を率直に伝えることが大切である。保護者の感情に反応して冷静さを失ってはいけないが、一方で教師の冷静すぎる規則一点張りの対応も、保護者に不信感を抱かせたり、距離を感じさせたりしてしまう。保護者に安心感を持ってもらうためには、落ち着いた温かい態度で受け止めるのが

よい。うなずきや言葉による共感を表明しながら、保護者の実情を把握したうえで、保護者の努力をねぎらう言葉も大切である。

保護者の不安の低減

何か問題が起きて呼び出されたときはいうまでもないが、保護者面談のようなときでさえ、保護者は「家庭環境の問題だ」とか、「しつけがよくない」など養育や家庭環境の問題を指摘されるのではないかと不安に思っていることがよくある。このような不安を持っていると、逆に保護者は自己防衛的な態度を取ることもしばしば見られる。

このような保護者の心理に配慮し、保護者と悩みを共有しようとする共感的な態度で対応するのが望ましい。そのためには、まず子どもの長所や頑張っていることに目を向け、そのうえで、問題となる行動を取り上げて話すようにする。

保護者との面談は保護者の援助が目的

保護者と面談するとき、保護者の問題を明らかにすることが目的ではない。保護者を援助することが目的であることを忘れてはならない。子どもの抱えている問題について共通に認識を持ち、保護者がどうしたいと思っているのかという視点を念頭に置いて面談を進める。

保護者の語りを聞くとき、できていないこと、問題点に目が向きがちになる。しかし、それは教師の側から見た一側面である。また、問題の原因は親であると、保護者に責任を押しつけても、解決にならない。まず、保護者が既にできていること、これまで努力してきたことに注目する。できていることがわかれば、それは子どもの行動にも何かしらの影響をもたらしているはずである。

子どもができていることをまず取り上げ、子どものよい点を話すことから始めることで、保護者は親としての自己効力感を増すであろう。さらに、保護者が努力していること、できていることに着目すれば、今後どのようなことをしていけばよいかが見えてくる。その問題の解決のためには、何ができるかを一緒に考え、できるだけ具体的な行動目標を見つけることが大切である。

保護者の代理自我にならない

　保護者の中には、教師に過剰に依存的な者もいる。たとえば、「家で勉強しなさいといっても、いうことを聞かない。先生、何とかしてください」と教師に依存し、「先生、決めてください。先生のいうとおりにしますから」などと自分で決定できず、教師に頼り切ってくる保護者がいる。このようなとき、教師としては保護者を援助はするが、保護者が判断して決めるべきことを肩代わりするような「代理自我」にはならないことが大切である。

　保護者が教師に頼り切って自分で決められない姿を見てしまったとき、子どもは、自分への親の愛情に疑問を持つかもしれない。保護者はあきらめることなく子どものことを心配している姿勢を子どもに見せる方がよい。そして、保護者自身が自立的に振る舞うことで子どもの自己指導能力も育つであろう。

実行可能な約束と提案

　相談の中で保護者から、具体的な対応策を求められることがある。そのようなときは、「いつまでに、どのようなことをするか」をはっきり答える。ただし、すぐに返答できない場合は、「いつまでに返答するか」の期限を明瞭に約束し、速やかに上司や同僚教師と相談する。「今は答えられない」といった曖昧な答え方をすると、問題を隠蔽しようとしていると受け取られるかもしれないので気をつける。

　今親としてできることは何かを問われることもしばしばある。このようなときは、子どもに対して保護者ができそうなことに絞って、具体的にできることを助言するとよい。たとえば、「お子さんの話をじっくり聞いてあげてください」とか、「心配しないでいいよ、お父さん（お母さん）はお前の味方だよ」などと、親子の信頼関係を増し、コミュニケーションを促すような言葉がけをアドバイスするとよい。

保護者の心を傷つけるような言動を慎む

　保護者には保護者なりの子育てや家庭教育への自負がある。そのような保護者の気持ちに配慮せず、保護者の心を傷つける教師の言動は、保護者を自己防衛的にさせ、教師の言葉を受け入れないばかりか、批判的にさせてしま

うこともある。

　たとえば、保護者の言葉に否定的な言葉を教師が返したり、教師から一方的な助言が多かったりして、教師から拒否的、否定的に受け止められていると保護者が感じているならば、保護者は教師に心を開いて話さないであろう。

　問題の多い行為であることを強調しようとして、「考えられない」、「子どものすることと思えない」など、感情的な表現や主観的な見解を多用したり、保護者は謝るのが当然であるという態度で、終始強く責める口調で話したりすると、保護者は自己防衛的な態度になり、素直に問題を受け止め、理解しようとしなくなる。あるいは、保護者に不安と不信だけを残すだけで、学校と協力して問題の解決に当たろうとしなくなる可能性もある。

安易に障害名を口にしない

　子どもの障害を把握することは、支援を考える際に大切な情報の一つである。しかし、診断は教師にはできない。診断は医療機関が行うものである。一般的に、保護者は自分の子どもに障害があることを認めたくない気持ちを持っているものである。たとえ、障害の疑いがあったとしても、教師の思い込みで障害名を口にすると、保護者は、教師の一方的な決めつけと受け取ってしまうことがある。

　保護者の障害の理解が十分でない場合、周りの人から障害の原因は家庭での養育や保護者のしつけのせいだといわれたり、本人も自分のせいだと思い込んだりして悩んでいることも多い。あるいは、子どもに障害があり、特別な支援を要することは認めているが、具体的にどのようにしたらよいかわからなくて悩んでいる場合や、特別な支援の必要性がわからず戸惑っている場合もある。また、障害の認定を受けることや、特別な支援を受けることが社会的な偏見の目で見られるのではないか、何か不利益なことになるのではないかなどと恐れている場合もある。このようなとき、保護者は、精神的に不安定になりがちで、教師に過剰に依存したり、反発したり、混乱したりする場合がある。そこで、そのときの保護者の気持ちを考えながら、保護者に寄り添う姿勢で粘り強く対応することが必要である。

　その中で、日常の子どもの様子を具体的に保護者と情報交換しながら、保

護者との信頼関係をまず構築し、時機を見て、その際には、担任とともに、専門的な知識を持つ特別支援教育コーディネーターと一緒の面接を勧める。そのときは可能な限り両親での面接が望ましい。特別支援教育コーディネーターから、関係機関の内容を伝え、外部の専門機関への相談を勧める。具体的な事例を例に出しながら、その必要性を話すとよい。

気休めや根拠のない見通しをいわない

保護者は悩んだ末に、何らかの手立てを求めて相談に臨むことが多い。それに対して「しばらく様子を見ましょう」のような曖昧な言葉を使わない。保護者は「しばらく」とは、「いつまでだろう」とか、「何に気をつけたらよいのだろうか」などと思い、保護者を疑心暗鬼にさせるだけでなく、保護者に失望感や物足りなさを与えてしまうかもしれない。

また、「大丈夫ですよ」などの安易な言葉によって、「大丈夫と先生がいったから安心していたのに、また問題が起きてしまった」と、教師の責任を追及してくるかもしれない。期間を設定し、引き続き相談や支援を考えていくことを伝え、できるだけ具体的な対応方法を伝える必要がある。

4 保護者から寄せられる苦情・要求に対して

保護者は要求や答えを持っている

保護者から相談したいことがあると持ちかけられたときと、保護者から苦情や要求が寄せられたときは、対応は異なる。苦情や要求が保護者から寄せられたとき、保護者は学校や教師に対して、少なからず不信感を持っている可能性が高い。また、その際、保護者はあらかじめどうしたいのか、どうして欲しいのかの答えを持っていることも多い。

このようなとき、相談を持ちかけられたとき以上に「傾聴、共感、受容」の姿勢が大切である。このような姿勢で話を聞くことで、保護者は徐々に落ち着きを取り戻し、冷静に話し合いに臨めるようになり、信頼感も増してくるであろう。

まずは、保護者の話をしっかりと聞き、問題は何か、どのような形になる

とよいと保護者が思っているのかを整理することから始めるとよい。そのうえで、保護者も教師も、子どものためになるように対処したいという共通の思いを持っていることを確認する。そして、子どものために今できる具体的なこと、実行可能、実現可能なことを一緒に考えようとする姿勢を示すことが大切である。このようにして、両者が同じ方向性を持っていることが認識されることで、両者に信頼感と、連帯感が生まれる。

誠意ある対応

　苦情を訴えるとき、保護者はかなりの決心と勇気を持って来ている。そこには、怒りだけでなく、不安や心配も同時にあるであろう。そのとき、教師が軽く扱ったり、迷惑そうな態度を取ったりすれば、保護者の怒り、または不安を増大させ、問題をこじれさせてしまうかもしれない。

　保護者の苦情には、当初からの誠意ある対応が保護者の気持ちを和らげ、冷静さを取り戻させる。問題の解決に向けて、感情的にならず、ともに知恵を出し合って話し合うことができる。保護者が苦情で来校したいという連絡があったら、まずは、保護者の希望する日時をできるだけ優先して、早く会うように面談の日時を設定するとよい。さらに、話し合いの場所として落ち着いた雰囲気の部屋を用意し、保護者の苦情内容や要望について可能な限りの情報収集をしておくことが大切である。また、苦情を受けた教師が一人で問題を抱え込んでしまうことなく、管理職や同僚教師に相談し、学校として「できることできないこと」の判断と回答を検討し、対応の基本方針を事前にはっきりさせておくことが必要になる。必要に応じて、管理職や主任が面談に参加できる体制を整えておくことも大切である。

事実確認と学校の対応、保護者への説明

　保護者から苦情などが寄せられたとき、面談する前に、その内容に関して事前に可能な限りの事実確認をして臨むことが望ましい。問題となる出来事について、時系列的に、①何があったか（いつ、場所を含む）、②誰がどのように関わっているか、③原因は何か、④結果どんな問題が残っているかなどを可能な限り多くの情報を集め、それらの情報から、確実な事実と、推測を整理しておく。その際、一人の教師の一方的、固定的な見方に偏らないように、

複数の教師が情報収集に当たるようにし、教員同士の共通の認識を持つようにする。また、聞き取りは、児童生徒に威圧的にならないようにする。直接関係した児童生徒だけでなく、周りにいた生徒にも聞き取りをし、客観的に確認できるようにする。

　ある程度事実確認ができたら、問題を一人の教師だけが抱え込まないように、管理職、生徒指導担当、学年主任、教育相談担当などが教師をサポートする体制を整え、情報の共有化と、学校としての対応の方針を話し合い、共通理解を図っておく。そのうえで、収集できた情報をもとに事実や経緯を説明する。その際に、推測した内容を含めないことも大切である。それらの事実に基づき、学校のこれまでの対応、今後の具体的な対応を説明し、保護者の理解と協力を求めるようにする。

5　困難な状況が予想される保護者への対応

教員一人での対応が困難と予想されるとき

　面談の前の段階で教員一人での対応が困難と思われるときは、まず校長、教頭などの管理職、学年主任などに相談、協議し、複数で面談に臨む体制を作る必要がある。

　事前に予想はできなかったが、面談中に困難を感じたときは、まず、保護者の要望や趣旨を整理、確認し、学校として検討する旨を伝える。後日改めて話し合いをすることを約束し、いったんお引き取りいただく。あるいは、しばらく待っていただき、管理職などと相談するなどの対応を臨機応変に取るようにする。

　対応の協議に際して、事実経過を整理し、学校としての方針（回答内容や見解、今後の窓口）などを決め、組織として対応する姿勢を示す。状況によっては、事前に教育委員会と連携し、法的問題を確認し、検討する。

話し合いの実施に当たって

　困難な状況が予想されるときは、面談の前に、学校側の参加者を決め、たとえば、説明役、記録係等、対応時の役割確認をしておく。予想される状況

によっては、保護者の了解のうえではあるが、録音の準備をしておく。

その際に大切なことは、まず第1に、保護者の気持ちや要求を傾聴し、整理・確認することである。保護者の話や要求が曖昧な場合は、内容を確認することから始める。次に、確かな記録と事実に基づいて説明する。「今はいえない」などといって、隠し立てしていると受け取られかねない態度も慎む。率直に、できるだけ具体的に説明や回答をする。その場で回答できないときには、できない理由と、回答の期限について説明する。

限度を超えた保護者の行為や暴言

保護者の行動が限度を超えていると判断されたり、暴言があったりした場合には、「子どものために、話し合いを続けたいが、こういうことが繰り返されるようであれば、話し合いを続けることができない」と告げることも必要である。また、話し合いが平行線で、同じ話が繰り返されるようであれば、打ち切りがやむをえないこともある。

面談の3原則

「面談の3原則」とは、第1に「人的制限」である。面談する場合、学校は保護者に威圧感を与えない範囲で、複数の教職員で対応する。保護者にも、誰が来校するのかを事前に確認する。学校は、子どもの法定代理人である保護者と対応することが原則である。しかし、学校に弁護士などの代理人が来ることを受けるかどうかは、同行者がどのような人なのか確認して、問題がないと判断できる場合は、同席を認めることに差し支えはない。保護者以外の、事前に確認した人以外の人が同行して来た場合には、別室で待ってもらうなどの対応が必要なときがある。

同行者が弁護士である場合は、本人確認をしたのち、同席を認めてもよい。一方的な情報から保護者が誤解している場合、学校の考え方を丁寧に説明することで、弁護士が保護者を説得してくれる可能性がある。子どもの問題に関わろうと学校に来るような弁護士は、子どもの問題を深く理解しており、配慮のある行動をしてくれ、学校と保護者をつなぐ客観的な第三者として機能する可能性が高い。

第2の原則は「場所的制限」である。困難が予想されるケースでは、学校

の応接室などの開放された部屋が適している。対応に苦慮しそうな保護者の場合は、相手の指定した学校外には出向かない方がよい。

　第3の原則は「時間的制限」である。対応時間をあらかじめ1時間程度とし、保護者に伝えておく。時間をかけて、丁寧に説明、応対することは大切であるが、あまりにも長時間にわたる面談は避ける。

〈事例1〉　遅刻の多い児童の保護者からの相談

　男子児童A男（小学校4年生）は、遅刻が多く、集団登校ができていない。保護者面談のとき、A男の母親が来校したので、この点を指摘したところ、「小学校4年生なのだから、自分で起きられるはずだと思う。わたしは夜の仕事の帰りが遅く、12時すぎの日もあり、朝、子どもの登校時間はまだ寝ている。朝、起きるくらいは自分でするべきだと思う。親がするべきことではない。遅刻しないように毎朝、集団登校している上級生が子どもを迎えに来て欲しい」といわれた。

　課題1　クラス担任として、あなたなら、どのような返答をするか。
　課題2　その返答の際にどのようなことに気をつけるか。

〈事例2〉　反発する生徒の保護者の悩み相談

　女子生徒B子（中学校2年生）の母親から次のような訴えがあった。「そろそろ、高校受験のこともあり、毎日宿題は終わったのかとか、明日の予習はしたのかなど、勉強の様子を子どもに尋ねるが、『うるさい。わかっている』などと反発して、ちっともいうことを聞いてくれない。学校で勉強するようにいって欲しい。子どもに勉強させるようにするにはどうしたらよいかわからない。先生のいうとおりにするから、どうしたらよいか教えて欲しい」といわれた。

　課題1　このような母親の訴えに対して、どのように返答するか。
　課題2　その際どのようなことに注意するべきか。

引用・参考文献

大阪府教育センター　2008『保護者とのかかわりハンドブック』大阪府教育センター
岡山県教育庁　2009『学校に対する苦情・不当な要求等への対応』岡山県教育庁

京都府教育委員会　2009『信頼ある学校を創る 2―学校に対する苦情の争点と教職員の心構え』京都府教育委員会

広島県教育委員会　2013『保護者、地域と学校の協力のために』広島県教育委員会

ベネッセ　2010『第 5 回学習指導基本調査』ベネッセ教育研究開発センター

ベネッセ　2018『学校教育に対する保護者の意識調査』ベネッセ教育研究開発センター

教師のメンタルヘルスとその対策

第6章

1 教師のメンタルヘルスとバーンアウト

教師のメンタルヘルスの現状

　近年、学校現場では、少子化に伴う人員整理による多忙化、教育問題の深刻化や学校現場の荒廃により、教師の精神的な健康、すなわちメンタルヘルスの悪化が指摘されている。日常の教育業務のうえ心身の疲弊が児童生徒への対応のミスや、授業の質的低下を引き起こす。そのような失敗を繰り返すことで、停滞が焦りや自己嫌悪を生み、さらに疲弊していってしまう。そんな悪循環に陥っていく教師も少なくない。教師として、信念を持って教育に携わろうとするほど、現実の困難さを感じ、無力感を覚える教師も増えている。その背景には、子どもの心の荒廃ともいえる問題に加えて、生真面目さや完璧志向、「他者に配慮しつつ、自己を抑制的」にすること（児玉 1994）などの特性が教師には期待されており、それが教師の専門性に対する社会的プレッシャーになっている。このように教師の日常は「累積的なストレス状況」（秦 1991）にある。また近年、社会問題化している「学級崩壊」現象に見られるように、学級運営でのつまずきや、子どもや保護者との軋轢も、教師のメンタルヘルスに大きく影響している。

　図6-1は、「休職した全国公立学校の教員」の2000年からの推移である（文部科学省 2018）。2015年度に病気による休職をした教員は7758人である。そのうち、精神疾患で休職した教員は4891人であり、2007年度以降、5000人前後で推移している。精神疾患による病気休職者の割合が2009年度に最高の割合を示した。その内訳を見てみると、精神疾患による休職の割合は管理

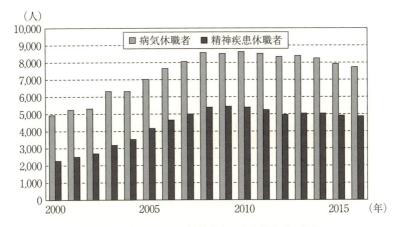

図6-1　病気、または精神疾患による休職者の推移

職よりは一般の教員が高く、年代別では、40、50代が高い。配置期間の関係では、所属校に配置後2年以内に休職している。条件附採用期間における精神疾患を理由とする中途離職者は、病気を理由とした依頼退職者の約9割を占めている。

また、文部科学省で3年に一度行われる学校教員統計調査（文部科学省2016）によれば、離職者数は、幼稚園1万239人（前回〔2012年度間。以下同じ〕に比べ1471人減少）、小学校1万8100人（同266人減少）、中学校9137人（同447人減少）、高等学校9501人（同1056人減少）などとなっており、減少傾向に転じている。

教師のメンタルヘルスとバーンアウト

教師のメンタルヘルスを考えていくうえで、重要な視点として、フロイデンバーガー（Freudenberger 1975）が提唱した「バーンアウト（燃え尽き症候群）」が挙げられる。バーンアウトとは「長期間にわたり人を援助する過程で、心的エネルギーがたえず過度に要求された結果、極度の心身の疲労と感情の枯渇を主とする症候群であり、卑下、仕事嫌悪、思いやりの喪失をきたした状態」（Maslash 1982）と定義される。

教師バーンアウトの実態について貝川（2009）は、小中学校の教師の半数

66 第Ⅰ部 教育相談の基礎

以上が教師バーンアウトに陥っていると報告した。情緒的消耗感を感じて疲弊し、教師としての達成感を得られずにいる。教師バーンアウトの問題の大きさを指摘している。

　実際、文部科学省の委託調査『教員勤務実態調査（小・中学校）』(2006) によれば、教師は、仕事に対する充実感や適応感は高いが、同時に、仕事の質や量に対する負担感も高くなっていること、教師は、一般企業の従業員と比較して、仕事の満足感が特に高い傾向が見られるが、仕事の負担感も高いことなどが見て取れる。さらに、休みが取りづらかったり、残業や休日出勤をしなければならなかったりして忙しいと感じている割合も多く、「成績処理」、「授業準備」、「事務・報告書作成」に忙しさを感じている傾向が見られる。

　このように教師は、教師という仕事を満足度の高い、やりがいのある仕事と感じているが、授業以外の事務的な仕事に忙しさを感じている。本来は家庭や地域が担うべきしつけまで押しつけられることがあり、高い倫理性を求められることもあり、様々な負担からの心理的なストレスがかけられており、それが教員の精神的な不調につながっていることが指摘されている。教師のメンタルヘルスを支えることが必要である。

2　教師のストレス要因

日本特有の教育問題としての教師文化

　精神疾患による休職者が多い背景には、日本特有の教育問題、教師文化が関係しているであろう。佐藤 (1994) は３つの特徴を挙げている。すなわち、①「再帰性（職務行為の責任や評価が児童・生徒、保護者から直接返ってくる）」、②「不確実性（対象が変われば同じことをしても反応は違う）」、③「無境界性（「再帰性」と「不確実性」が仕事と責任領域を際限なく拡張してしまう）」である。

　秦 (1991) は教師という職業がそもそもストレスに満ちたものであるとして、その特徴を①教師の仕事は無定量であること、②教育の結果がすぐに得られないこと、③家庭や地域の教育力の低下といった状況の中で、子どもの教育を全面的に学校に依存するという傾向が強まってきていること、④管理職を

除けば、教師はほぼ対等の立場であり、他の職業に見られるような昇進に対する満足感が得られないこと、⑤教職年数にかかわらず、仕事内容はほとんど変わらないこと、⑥他の職業と比較すると、集団の規模が小さく、密着した人間関係のため人間関係上の問題が生じやすいこと、⑦教師に対する社会的な評価が厳しいこと、などを挙げている。

　教師が職場で向き合う対象は、同僚や上司、学校職員のみならず、職務対象としての児童生徒という大勢の生身の人間であり、さらにその保護者や地域住民などを加えると、質的・量的にも膨大な人間関係や集団組織に取り囲まれている。教師はこういった対人間での関係性の歪みによる心理社会的ストレスを直接受けやすい立場にある。重要な役割を担う同僚との関係も、独立性の強い横並び構造で自由度が高い反面、孤立・疎外を引き起こしやすいという学校システムの閉鎖性も指摘されている（中島 1994）。こういった人間関係や組織・システムとしての学校に関する様々な要因から、教師という職業は他の職業とは異なるストレスを感じるものと推測される。

多忙感と長すぎる勤務時間

　これまで、何度も教員の勤務時間の多さや多忙感が問題にされてきた。実際、文部科学省の調査（文部科学省 2012）によると、仕事や職業生活におけるストレスがあると答えた比率は、一般労働者が 61.5 ％であったのに対し、教員は 67.6 ％と 6 ポイント以上も高かった。ストレスの内訳では「仕事の量」が 60.8 ％（一般労働者が 32.3 ％）、「仕事の質」が 41.3 ％（一般労働者が 30.4 ％）で一般企業の労働者より高かった。また、2016 年度の『教員勤務実態調査概要』（文部科学省 2017）では、表 6-1 に示したように、教員の一日の学内勤務時間は 2006 年度と比べて増加しており、小中学校ともに、一般教諭の残業時間は一日当たり 3 時間を超えている。また、本来休日である土日にも、小学校で 1 時間以上、中学校の教諭では 3 時間以上の勤務をしている。しかも、この値は、学校内での業務であり、持ち帰りの仕事は含まれていない。

　これは、一人の教員が学習指導や生活指導のほかに、学校運営に必要な様々な業務を担当しなければならず、研修会や研究会にも時間を割いていたり、休日の部活動の指導もあったりなど、教師の多忙さの反映であり、この

表 6-1　教員の一日当たりの学内勤務時間

平日	小学校			中学校		
	2016 年度	2006 年度	増減	2016 年度	2006 年度	増減
校長	10:37	10:11	+0:26	10:37	10:19	+0:18
副校長・教頭	12:12	11:23	+0:49	12:06	11:45	+0:21
教諭	11:15	10:32	+0:43	11:32	11:00	+0:32

土日	小学校			中学校		
	2016 年度	2006 年度	増減	2016 年度	2006 年度	増減
校長	1:29	0:42	+0:47	1:59	0:54	+1:05
副校長・教頭	1:49	1:05	+0:44	2:06	1:12	+0:54
教諭	1:07	0:18	+0:49	3:22	1:33	+1:49

（文部科学省〔2017〕より作成）

ような業務の多さがストレス要因として指摘されている。

成果のフィードバックの欠如

　教員は、対人援助職であるために、必ずしも決まった正解がないことが多く、終わりが見えにくい。教師の仕事は目に見える成果を実感しづらく、量的な変化で成果を示すことができない仕事である。また、自分の行動の適切性への迷いや不安を持ちながら仕事をしていることもある。このため、自分の教育活動に対する周りから肯定的な評価が得られにくかったり、適切な評価やフィードバックが得られずに、無力感を抱きやすい。

同僚との人間関係

　教員同士、お互いに意見をいいにくい雰囲気があり、いいたいことがいえないことが、ストレスになる場合もある。その一方で、自分の指導に干渉されたくないという気持ちから、職場の人間関係が深まりにくい場合もある。このような学校内での良好な人間関係の形成がうまくいかず、対人関係上のストレスから、学校内で孤立してしまったり、職場における業務やコミュニケーションにうまく対応できなかったりすることも考えられる。また、校長等の管理職との人間関係が原因となって、メンタルヘルスが不調になることもある。さらに、児童生徒や同僚との関係機能の破綻（貝川・鈴木 2006）や職場の教師との葛藤（平岡 2003）からバーンアウトが生じることもある。

管理職や同僚から仕事の悩みについて相談を受けた場合、相談者本人のメンタルヘルスを考えるよりも、仕事の仕方等のアドバイスが中心になる傾向があり、精神的に問題を抱えている教員にとって、さらに精神的な負担を感じさせてしまうことがある。複数の教職員で対応する場合、同僚や上司・部下との人間関係だけでなく、児童生徒や保護者等との人間関係も相互に影響し合うため、一部の人間関係が難しくなるとすべての人間関係が悪くなっていき、より強いストレスへと発展するケースもある（教職員のメンタルヘルス対策検討会議 2013）。

児童生徒や保護者との関係

学校は、不登校やいじめ、非行や虐待、発達障害等の様々な問題を抱えている。これらの問題に対処するために疲弊している教員は少なくない。自分の担任している学級がうまくいかなかったり、事態が進行し学級崩壊状態になったりしてしまうことは、大きなストレスになる。近年は、学校や教員に対して、家庭で行うべき役割やしつけを学校に要求したり、理不尽なクレームを突きつけたりと、無理難題を主張する保護者（モンスターペアレント）が出現し、教員のストレスとなっている。また、保護者の高学歴化、学校に対する価値観の多様化、権利意識の強まり、生活に追われて子育てに手が回らない、虐待が疑われる等の保護者の増加もストレスになっている。

3　教師のメンタルヘルスを支えるために

文部科学省による教職員のメンタルヘルス対策

文部科学省が行った教職員のメンタルヘルス対策の主な取り組みとしては、労働安全衛生管理体制の整備に関するものとして、①産業医による健康診断等の適切な実施のための地方財政措置、②衛生管理者および衛生推進者の配置促進のための地方財政措置、③公立学校における労働安全衛生管理体制の整備状況に関する調査、④各都道府県教育委員会教育長等への通知や「健康教育行政担当者連絡協議会」等の会議を通じた指導、⑤学校における労働安全衛生等啓発資料の作成などがある。また、これ以外には、スクールカウン

セラーの配置、独立行政法人教員研修センターにおける研修や各教育委員会等が行う研修等の支援、文部科学省が学校を対象に行う調査の見直し、教育委員会等への調査研究委託や地方独自の工夫など優れた取り組みおよびその普及、地域住民等のボランティアによる「学校支援地域本部」などの教育支援活動の支援等が挙げられる。

　教員の過大な勤務時間について指摘はされてきたものの、具体的な改善の動きは見られなかった。しかし、中央教育審議会は、2017年8月に「学校における働き方改革に係る緊急提言」をまとめ、教職員の長時間勤務の実態が看過できない状況であり、授業改善をはじめとする教育の質の確保・向上や社会での活動を通じた自己研鑽の充実の観点からも、学校教育の根幹が揺らぎつつある現実を重く受け止めるべきであり、「学校における働き方改革」を早急に進めていく必要があるとの認識から、3つの緊急提言をしている。その第1は「校長及び教育委員会は学校において『勤務時間』を意識した働き方を進めること」であり、第2は「全ての教育関係者が学校・教職員の業務改善の取り組みを強く推進していくこと」であり、第3は「国として持続可能な勤務環境整備のための支援を充実させること」であるとしている。この緊急提言では、①服務監督権者である教育委員会は、勤務時間を客観的に把握し、集計するシステムを直ちに構築すること、②教職員の休憩時間を確保すること、③学校の諸会議や部活動等について勤務時間を考慮した時間設定を行うこと、④教員の負担軽減や児童生徒の発達を踏まえた適切な指導体制の充実を図ること、⑤教育委員会が主導して時間外勤務の削減に向けた業務改善方針・計画を策定することなど、具体的な方策の改善を求めている。また、国に対しても働き方改革の環境整備のための予算化を求めており、今後、教員の勤務の改善が期待される。

学校における予防的取り組み

　各学校における予防的な取り組みでは、教職員本人の「セルフケア」の促進とともに、校長、副校長・教頭、主幹教諭等の「ラインによるケア」の充実がある。セルフケアとは、個人が自分のストレスに気付き、対処することである。ラインによるケアとは、職場の管理者が取り組むケアである。管理

第6章　教師のメンタルヘルスとその対策　**71**

者がメンタルヘルスの基礎知識を持ち、職場環境の改善を行うことである。

　教職員本人が行うセルフケアは、安定した気持ちで仕事ができるようメンタルヘルスの自己管理に努力し、自分自身のストレスに気付き、これに対処する知識や方法を習慣化することである。そして、メンタルヘルスに不安を感じるときは早めに産業医や精神科医に相談することである。

　校長等学校は、教職員にメンタルヘルスに関する知識やストレスへの対処行動を身につける機会を充実させ、教職員の家族等を対象とした相談窓口を周知し、家族の方から見た健康チェックリストを活用していく。教育委員会は個人情報保護に配慮したうえでストレスチェックを活用し、産業医、嘱託精神科医を活用して相談体制を整えるとともに、校長等と連携し、必要に応じて業務上のサポートを行う。

　校長等が行うラインによるケアは、日常的な教職員の状況把握、速やかな初期対応や校務分掌を適切に実施し、小集団のラインによるケアの充実が挙げられる。そして、校長による副校長・教頭、主幹教諭等への適切なバックアップや保護者との関わりへの迅速な対応、困難な事案に対する適切なサポートが求められる。また、校長や教頭は、教師の良好なメンタルヘルスを保つための職場環境の整備充実を図る。具体的には、業務を点検・評価し、積極的に業務縮減・効率化を図り、校長による教職員との対話や相談体制を把握し、活用を奨励する。労働安全衛生管理体制の整備、実効性のある取り組みが求められる。

教育委員会による予防的取り組み

　教育委員会の実施しているセルフケアの促進として、個人情報保護に配慮したうえで、ストレスチェックが活用されている。産業医や嘱託精神科医を活用した相談体制を整えるとともに、校長等と適切に連携し、必要に応じて業務上のサポートが行われている。

　ラインによるケアでは、復職時の基礎知識やカウンセリングに関する知識を身につけるため、校長を対象にした研修の充実や主幹教諭の配置等、体制整備や充実が図られている。校長は、教師の良好なメンタルヘルスを保つため、同僚間のコミュニケーションおよび協働意識の高い職場環境の整備充実

を図る。相談体制の充実やスクールカウンセラー等の専門家の活用、教育委員会専属の産業医や精神科医を配置し、学校現場の実情を理解してもらうことにより実効性を確保することも重要である。

教師のメンタルヘルス対策の課題

教師のストレスやバーンアウトには、職務ストレスが関係しているため、これまで産業界で行われてきたストレスマネジメントやストレスケアが提案されてきた。文部科学省（教職員のメンタルヘルス対策検討会議 2013）のメンタルヘルス対策でも、教師自身によるセルフケアの促進や管理職のラインによるストレスケアの充実を管理職が推進することなどが提案されてきた。

しかし、産業界で広く使われている「ラインによるケア」を学校現場に適用することは適切ではない。学校現場の職務構造や職場組織の特殊性、対人援助職としての教師のストレスに配慮する必要がある。そのために、管理職が現場教師に目配りし、話を聴くこと、授業改善を助言すること、子どもの成長を語り合う場を作ることが大切である。そのことによって、現場の教師のやる気が高められ、バーンアウトの予防につながるであろう（宮下 2013）。今後、対人援助職に効果的なメンタルヘルス対策を考えていく必要がある。

4　教師の心の健康維持に向けて

教師のメンタルヘルス向上には、まず多忙さの解消が図られなければならない。教員の勤務超過の問題は、様々な教育的要請から学校の仕事が肥大化した結果といえる。教員一日の時間内の枠内でどこまでの業務を担えるのかを整理して、負担になっている部活動の指導について外部指導者や再任用教員の活用を進めたり、会計業務や管理業務を担う専門スタッフを入れたりする取り組みが必要である。子どもに問題が起こったときに、周りの教師は学級の問題として捉え、その担任教師自身が取り組む問題として捉えてしまいがちである。教師の心の健康維持のためには、一学級だけの問題と捉えるのではなく、学校全体の問題として考えていく視点が必要である。日常的な教師同士のコミュニケーションの時間作りや場所作りはもちろんのこと、子ど

第6章 教師のメンタルヘルスとその対策 **73**

もへの対応だけでなく、健康に関わる支援者としてのスクールカウンセラーの拡充、活用も必要であろう。

〈事例1〉 学級運営に悩む教師

　A教諭は中学校に勤務する30代の女性教師である。10年間の小学校勤務後に初めて中学校に転勤した。3年目で初めての担任になり、他の先生方に迷惑をかけないようにしっかりとした学級運営をしなければならないという意識が強かった。2学期になって成績優秀で学級のリーダーであった生徒との関係がうまくいかなくなった。その生徒に追従していく生徒も出て、どうしたらいいか困っていた。

　　課題1　A教諭に対して、同じ学年の同僚としてどんなことができるかを考えよ。
　　課題2　同僚であるあなたがA教諭の話を聴くことにした。どんなことに気をつけて聴くとよいか。

〈事例2〉 問題行動にうまく対応できないことからの体調不良

　B教諭は小学校に勤務する20代の女性教師である。初めて5年生の担任となった。2学期中頃から女子3名が問題行動を起こすことが重なり、指導を続けた。授業中に出歩き、エスケープをするようになった。他の児童は同調することもなかったので、問題児童以外の児童は学級会で考えさせ、問題児童についてはその保護者と話し合いの機会を持った。担任が問題行動の状況を説明して、授業中の出歩きやエスケープに対する対応を決めた。しかし、問題行動は改善されなかった。学級の他の保護者からの要望もあり、学級保護者会を開いた。そこで問題行動を起こした児童へ指導ができないことで、学級の保護者は担任批判、学校批判を叫んだ。その後B教諭は、体調不良を訴えて早退するようになった。

　　課題　学級保護者会での批判の影響からか、体調不良を訴えて早退することが多くなったB教諭に同僚としてどんなことをするとよいか。

〈事例3〉 特別支援学級での教師の悩み

　40代の男性教師C教諭は中学の特別支援学級の担任である。こだわりが強く、感情コントロールの難しい生徒が他の生徒に暴力を振るうなど、危険行為を繰

り返すようになった。指導しても繰り返すため保護者に状況を説明したが、徹底した指導を求められた。その後、C教諭は休みがちになった。

課題1 C教諭と保護者の関係の修復は、誰が行うとよいか。

課題2 C教諭の学級の暴力を振るう生徒には、どんな対応をしたらよいか。

課題3 休みがちになったC教諭に対して、同僚としてどんな対応が必要か。

引用・参考文献

貝川直子　2009「学校組織特性とソーシャルサポートが教師バーンアウトに与える影響」『パーソナリティ研究』第17巻3号、pp. 270-279

貝川直子・鈴木眞雄　2006「教師バーンアウトと関連する学校組織特性、教師自己効力感」『愛知教育大学研究報告　教育科学』第55号、pp. 61-69

教職員のメンタルヘルス対策検討会議　2013『教職員のメンタルヘルス対策について（最終まとめ）』文部科学省

児玉隆治　1994「教師になる人たちのメンタルヘルス」武藤清栄編『現代のエスプリ323　教師のメンタルヘルス』至文堂、pp. 85-93

佐藤学　1994「教師たちの燃えつき現象」『ひと』第262号、太郎次郎社エディタス

中島一憲　1994「教師の精神障害」武藤清栄編『現代のエスプリ323　教師のメンタルヘルス』至文堂、pp. 73-84

秦政春　1991「教師のストレス―『教育ストレス』に関する調査研究（Ⅰ）」『福岡教育大学紀要　第4分冊』第40号、pp. 79-146

平岡永子　2003「教師バーンアウトモデルの一考察（2）」『教育学科研究年報』第29号、pp. 23-31

宮下敏恵　2013「小中学校教師におけるバーンアウト低減のための組織的取り組みに関する検討」『上越教育大学研究紀要』第32号、pp. 211-218

文部科学省　2012『教員のメンタルヘルスの現状』

文部科学省　2016『平成27年度　公立学校教職員の人事行政状況調査について』

文部科学省　2017『教員勤務実態調査（平成28年度）概要』

文部科学省　2018『平成29年度　公立学校教職員の人事行政状況調査について』

Freudenberger, H. J., 1975, The Staff Burn-out Syndrome in Alternative Institutions, *Psychotherapy, Theory, Research & Practice*, 12(1), Spring, pp. 73-82.

Maslash, C., 1982, *Burnout, The Cost of Caring*, New Jersey, Prentice-Hall.

第 II 部

教育相談に必要な
発達と精神病理の知識

幼児期・児童期の心理と発達

第7章

　すべての児童生徒、保護者に対して、開発的教育相談、予防的教育相談を進めるためには、教師は本人や保護者から自発的に相談に来るのを待つのではなく、小さな兆候を捉えて適切に対応し、深刻な状態になる前に早期に発見し、対応することが大切である。その兆候を捉える手がかりの一つとなるのが、子どもの心や体がどのように発達するのかという知識である。たとえば、発達過程には特有の課題があったり、家族関係の中で形成される対人関係の特徴があったりする。また、発達の進み具合が異なるために、生活や学習に支障を来たす場合もある。このように発達という現象を理解することにより、教育上の問題の小さな兆候を多面的に捉えることができるようになるのである。

1　発達を支援する教育相談

発達を理解する2つの視点　①発達的視点

　子どもの発達を支援しようとする教育相談では、発達を捉える視点が大切である。つまり、子どもは今どのような発達段階にいるのか、また、今までにやり残した課題は何なのか、将来的にどのように変化していくのかを考えることである。子どもの発達を今、ここでの点として捉え、ここで生じている問題行動にだけ関わろうとするのではなく、過去〜現在〜未来の線（プロセス）として「理解」することが大切である。たとえば、爪を噛む癖がなかなか治らない小学校1年生のS君を例に保護者への対応やアドバイスを考えてみよう。保護者は授業参観や生活発表会などで爪を噛んでいる我が子の姿を見るたびに、親としてそんなこともやめさせられないのかと周りの保護者

から思われているような気がして、恥ずかしさを感じていた。それゆえ、担任の教師に今すぐに爪を嚙む癖をやめさせる方法はないものかと相談に来た。最近は家でもときどきぼーっとした様子で爪を嚙んでいる。見つけるとすぐにやめるよう、厳しく言い聞かせていると話す。

　しかし担任であるT先生の目には、2学期も終わりになった現在のS君の発達的変化は、著しいものに感じられていた。小学校入学当初は、登校してから下校するまで不安そうな表情で大半の時間に爪を嚙んでいた。全体的に発達がゆっくりで特に言葉の理解がゆっくりなS君は、慣れない環境で自分がどう行動すればいいのかわからず戸惑っているようだった。2学期が始まった頃から、一日の流れも少しずつ理解できたのか、日常生活の中では爪を嚙む癖はほとんど見られなくなった。ただ、授業参観や生活発表会といった、特別な活動の時間には、時折爪を嚙むことで不安を紛らわせているような様子が見られる。T先生は、保護者の不安を丁寧に聴き、子育てに自信をなくしかけている保護者に、入学当初からのS君の発達的変化と、3学期になったときには、さらに不安が減り、爪を嚙むこともなくなってくるように考えているという見通しを伝え、S君への関わり方を一緒に考えていこうと励ました。この事例のように、目の前の状況だけを見ていると、子どもの行動や言動の意味が理解できず、関わり方や支援の方向が見えないことがある。そのようなときは、今の子どもの言動を過去から未来へと続く線の中に位置づけて「理解」することによって、多様な支援につながることがある。

発達を理解する2つの視点　②共感的視点

　共感的視点とは子どもや保護者の姿や行動が表現している「意味」を子どもや保護者の立場に立って問い直し、個別的・共感的に理解していこうとする視点である。たとえば、ラベリング（乱暴な性格だから、家庭環境に問題があるから、子どもを放任しているから等）をすることで先入観や既存の概念で子どもや保護者を理解した気持ちになると、子どもや保護者へのそれ以上の理解を放棄してしまうことになる。子どもや保護者の気持ちの内側から、子どもや保護者が抱えている問題を関係性の中で理解していこうという視点が必要である。たとえば、中学2年生で半年近く不登校状態が続いているKさんの保

護者を例に対応やアドバイスを考えてみよう。Kさんの母親は、Kさんが学校に行かないという現実が受け入れられないでいた。近所の目も気になり、何とか学校に行って欲しいという自分自身の思いに捉われ、学校に行かないという我が子の気持ちに思いを寄せることができないでいた。担任の先生に対しても、効果的な対応をしてくれないという不満や、このままだと学校から忘れられてしまうのではという不安も抱え、Kさんと家ですごす時間を苦痛に感じていた。担任のH先生は、母親のそのような気持ちを十分に理解し、気持ちを聴くことに時間をかけ、具体的な対応について母親と相談をした。不登校の期間は、Kさんにとって必要な時間であると理解していること、無理に登校を促しはしないが、いつも気にかけていることを話し、授業のプリントや行事の連絡などを怠らず、Kさんが望めば家庭訪問も行った。このようなH先生の対応によって、次第に母親はKさんが学校に行けないことがそれほど気にならなくなった。家でも一緒にご飯を作ったり、学習の遅れを気にするKさんと漢字の書き取りをしたりと、母親がKさんと一緒にゆったりと楽しむ時間が増えた。学校に行けないKさんの現実を、否定的でなく受け止めることができるようになった頃、Kさんは保健室登校ではあるものの、少しずつ登校できるようになった。教師という立場に立つと、役に立つアドバイスをしなければいけない、問題を解決しなくてはいけないという思考に陥りがちになる。熱心な教師ほど、相手の話を聴くことよりも、教師の思いを話しすぎてしまう傾向がある。気持ちが沈み、自己を肯定できないでいる子どもや保護者に対しては、否定せずじっくり話を聴くことが大切である。そのプロセスを経て初めて教師と子どもや保護者の間に信頼関係が生まれるのである。

関係性の中での発達

　また、関係性の中で育まれる発達という視点も重要である。人間は乳幼児期のみならず、成人期、中年期から老年期にわたる一生涯において関係性の中で発達していく。乳児は、生理的には未熟であっても、身近な他者や自然環境などとの相互作用により、多くのことを学習している。もともと生まれながらにして備わっている能力であっても、学習によって個人個人が様々な

第7章　幼児期・児童期の心理と発達　**79**

方向に発展できる開かれた生得性を持つ動物であるといわれている。乳幼児の精神的な構造や、社会に適応していく様々な能力は、他者との日常的な相互交渉を経験し、積み重ねることにより学習され、長い時間をかけて発達していく。

　それゆえ、人間の発達にとって、養育や保育・教育を担う他者との関係はきわめて重要な意味を持つ。言葉の未熟な乳幼児が表出する「泣き」や「友達に噛みつく、叩く」などの様々なサインに対して、どのような応答や関わりがなされたかということが、その後の発達に大きな影響を及ぼすであろう。また、思春期の子どもが「沈黙」や「反抗的な態度」により訴えている、様々なサインの背景にある気持ちをどれだけ汲み取って応答できるかが、その後の子どもとの信頼関係の第一歩である。

　前述した事例でも述べたように、教師が子どもや保護者からの相談を受ける際には、まずは気持ちを聴くことが大切である。いじめを例に挙げると、誰に、いつ、どんなふうに、何回叩かれた等、ついつい事実確認を優先してしまいがちである。相談は尋問ではない。「先生のところによく来てくれた」、「怖かったね」、「つらかったね」という言葉をかけ、気持ちを汲み取り、傷ついた気持ちを安心させてあげることを優先したい。そして「君は絶対悪くない」、「先生はいじめられた君の味方だ」ということをしっかり伝えたい。相談に来る子どもや保護者の気持ちを理解し、受容する覚悟で臨む態度が、傷ついた子どもや保護者とのその後の信頼関係の構築を可能にする。

2　乳幼児期の発達理解と相談支援

　親は我が子を周りの子どもたちと比べ、みんなと同じように発達していることを確認することで安心し、一方で「しゃべり始めるのが遅い」、「ハイハイしない」などみんなと同じでないことに不安を感じることが多い。したがって、親の不安に寄り添うためには、発達には変化のスピードや順番の違いがあることを教師が理解しておく必要がある。ただし、発達障害がある場合は、変化の道筋とタイミングが異なることを念頭に置いておかなければな

らない。

乳児期の特徴の理解

生まれて間もない乳児は、周りの世界を漠然と見ているのではなく、能動的・選択的に世界を見ようとしていることがわかってきている。また、乳児は、人の顔や声・言葉を好み、生まれながらにして人を指向しているといわれている。

生後数か月から乳児は母親と微笑の交換を始め、母親に対して「そばにいて欲しい」、「自分の喜ぶことをして欲しい」、「母親も喜びを感じながら、自分に喜びを与えて欲しい」という要求が拡大していく。この喜びを分かち合う感情は、他者とのコミュニケーションの基盤となるもので、ここから悲しみの分かち合いの感情が発達していく。また、保護者の表情などから心を感じ取ることもできるため、保護者が失敗を恐れる雰囲気や、保護者の緊張した顔を感じ、泣きたい気持ちを我慢して、よい子を演じたりする場合もある。

たとえば、子どもが泣いてばかりいるのは自分の育て方に問題があるのではないかと心配している保護者がいた場合は、「赤ちゃんは泣くことが仕事のようなものだから、どうして泣いているのかを考えて、いろいろやってみることは大切だけれど、それでも泣き止まない場合は、今はこれでいいんじゃない」と親がゆったりした気持ちで子育てを行うことで、子どもが安心して育っていくことをアドバイスしてあげて欲しい。

アタッチメントの重要性

乳児は生後早期より人と関わるための遺伝的な準備性を有している。早期の母子間の相互的関わりを基盤として、乳児は母親との近接性を保とうとする。このような、特定の対象（親や養育者）との間に形成される愛情の絆を「愛着（アタッチメント）」という。この愛着形成が、子どもの安定した情緒の発達を促し、その後の対人関係にも影響を及ぼすとボウルビィ（1976）は指摘している。

乳児が「泣く」という信号を発したときの応答の際に、乳児と母親との間の情動の共有が愛着形成の始まりとなる。そして、自立歩行後の探索行動が始まったときには、母親が探索行動の拠点としての「安全基地」となりうる

のか、そして時折「安全基地」に戻っては情緒的な心の燃料補給をして、また遊びの世界に戻っていけるかどうかが次の段階となる。さらに、たとえ母親が目の前にいなくても、子どもの心の中に内在化された母親イメージに支えられて、情緒的な安定が保たれるかどうかという、愛着形成の発達の段階をたどることになる。この一連の段階のキーワードは「安心感」である。

　たとえば、子どもが不安になって母親のもとに戻ってきたときに、「どうしたの？」、「ヨシヨシ」と、子どもの不安をなだめてあげることで、その優しい母親が子どもの心に内在化されていく。そうすると、母親から離れたところで不安を感じるようになっても、内在化された母親が代わりにその不安をなだめてくれるようになり、自らの感情のコントロールの方法を確立していくことができるようになる。このように、子どもにとっての重要な他者（家族、保育士、教師など）が「安全基地」の役割を果たすことが、その後の安定的な対人関係の形成に影響を及ぼすことになる。

幼児前期の第1次反抗期

　2、3歳になると母親の意図や欲求などを読み取ったうえで自分の行動を調整できるようになる。母親の喜ぶ顔が見たいために、母親が喜ぶことを進んで行ったりする。また、この時期、怒られることや不利益になることを回避するために嘘をついたり、禁止されていることをやり始めたり、やり終えた後に親の顔色を窺ったりするなどの行動が見られる。これは、子どもが他者の内的状態を巧みに洞察できることを表している。

　また、この時期は親に対する反抗と、自分なりのやり方で何でもしたいという自己主張が一段と激しくなる。いわゆる第1次反抗期である。これは子どもの自我が順調に育ちつつあることの表れでもあり、自分の可能性を試そうと、何でも「○○ちゃんがする」とやってみようとする。しかし、思うようにできないこともたくさんあるため、それにいらだち、かんしゃくを起こしたりもする。

　このとき、子どもがやりたいと思うことをやらせようとすると、手間暇がかかるため、親としては自分でやった方が効率的で無駄がないように感じるかもしれない。しかし、親が子どものやり方を尊重することで、子どもはあ

りのままの自分を受け入れてもらえているという実感を得ることができ、それは自尊心の育ちにつながるため、危険なこと以外はできるだけ尊重してやらせてあげることも大切な時期である。

幼児後期の特徴と社会性の発達

　幼児前期は自我の芽生えにより、2、3歳から4歳後半までは仲間関係における自己主張が次第に強くなってくる。嫌なことは嫌だと頑なに拒否し、自分の欲求を積極的に押し通そうとする傾向が高まる。他方、3〜6歳にかけては、他者と協調しようとするための自己抑制ができるようにもなってくる。嫌なことを我慢したり、ルールを守ったりできるようになる。

　この時期は、友達や兄弟の間で、物や遊びの取り合いなどのいざこざなどが起きがちである。その場合は、まず当事者同士で解決できるかどうか見守ることが大切である。そのうえで、暴力に及びそうだったり、解決しそうになかったりしたときには、双方の言い分をじっくり聞き、何がいざこざの原因になっているのかを当事者同士が理解できるように説明してみよう。そして、相手の行動や言葉に含まれている気持ちや、自分とは違う感じ方があることを知り、どう相手に対応したらいいのかを考える力を育てることに留意して欲しい。そして、必要であれば解決方法のレパートリーを提示しながら、解決の手助けをしたい。「私もありのままで大丈夫」だし、「あなたもありのままで大丈夫」という自他尊重という態度が形成され、自己主張と自己抑制がバランスよく発達することで、お互いが折り合いのつけられるような仲間関係を形成できるとよい。

3　児童期の発達理解の特徴

　児童期は小学校1〜6年生までの6年間を指す。この時期は、心身ともに生涯でもっとも安定した成育を見る段階であり、子どもとしての完成の時期であるといわれている。つまり、性を受け入れる前のもっとも本質的に物事を見極めることができる時期でもある。しかしそのために、「自分ってこの世に独りぼっちの存在なのだ」と初めて気付く時期でもあるため、ときとして

情緒的に不安定になることもあるという特徴を併せ持つ。いじめや不登校などの臨床的問題も生起してくる時期である。

社会的変化

児童期の子どもの社会的空間は著しく拡大する。小学校までの子どもだけでの登下校、学級集団への所属、遊び仲間の広がりとともに、社会的技能や価値観を学んでいく。ギャングエイジと呼ばれる小学校中学年以降は、文字どおり徒党を組み、小集団で行動することを好む時期である。その小集団に属することができるかできないかは、子どもにとっては重要なテーマとなる。場合によっては、不本意なことや反社会的なことでも、仲間の誘いに同調することで実行し、仲間はずれを恐れる時期でもある。親としては、友達とうまくやれているのかどうか気になるかもしれないが、大人からの介入を嫌う時期でもあるため、注意深く見守ることが大切である。

認知的変化

児童期は、ピアジェ (1969) の自己中心性の特徴を持つ前操作段階から、具体的な出来事に基づいて論理的思考が可能となる具体的操作段階へと向かう。「9歳の壁」という言葉があるが、これは小学校中学年の学習のつまずきを意味する言葉である。たとえば、算数において、小数や分数学習が始まるが、これらは、整数の四則計算に比べ日常生活に結びつけて感覚的に理解しにくい領域であるため、このあたりから学習成績が伸び悩む子どもたちも出てくる。

もし、学習成績が伸び悩んでいる場合、何がその背景にあるのかを見極める必要があろう。心配事があって勉強に集中できないのか、発達障害などの要因があるのかどうかなど、様々な可能性を考え、必要であれば専門機関などの受診を勧めたい。

心理的変化

幼児期にはアニミズムという、すべての物に霊魂が宿っているという捉え方をしているが、児童期はそこから脱する時期である。また、児童文学に登場する主人公は 10〜11 歳が多く、空想（ファンタジー）の世界と現実とを行き来しながら、心の成長を遂げていく時期でもある。この 10 歳という年齢は、

84 第Ⅱ部 教育相談に必要な発達と精神病理の知識

社会的知性が完成する年齢でもあるといわれている。これにより、人間関係能力、自己表現、協調性、社会的意識、共感する力などが身についていく。さらに、他者との比較によって自己を相対的に位置づけたり、現実の姿を客観的に捉えたりすることができるようになる。

他者と比較できるようになると、学力や能力面での劣等感を抱きやすくなり、「勉強ができない」、「走るのが遅い」、「大切にされていない」などの感情を持つことがある。また、高学年に近付くと、現実検討能力の発達によって、理想の自分と現実の自分のギャップに気付き、自尊感情が一時的に低下する。このようなときは、子ども自身が「みんな違うけれど、それでいい」という考え方を肯定できるような言葉がけを行いたい。

4 発達障害

発達障害とは、脳の発達が生まれつき通常と異なるため、社会生活に困難が生じる障害である。2005 年施行の発達障害者支援法では、発達障害とは「自閉症、アスペルガー症候群その他の広汎性発達障害、学習障害、注意欠陥多動性障害その他これに類する脳機能の障害であってその症状が通常低年齢において発現するもの」と定義されている。この発達障害者支援法の制定によって、各地に支援センターが設立され、相談事業や関係機関との連携が進められている。

2013 年には、アメリカ精神医学会の『DSM-5』において、これまでアスペルガー症候群、高機能自閉症、早期幼児自閉症、小児自閉症、カナー型自閉症など様々な診断カテゴリーで記述されていたものが、自閉スペクトラム症／自閉症スペクトラム障害の診断名のもとに統合された。杉山 (2011) は、これまでの広汎性発達障害と自閉症スペクトラム障害との差を図 7-1 のように表している。

発達障害と教育相談

教師が発達障害の疑いのある子どもに接する際に、まずは子どもと向き合い、どのような困り感があるのかを理解することが大切である。たとえば、

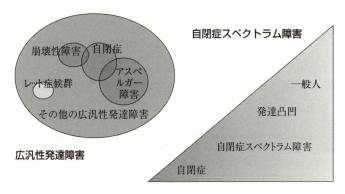

図 7-1　広汎性発達障害と自閉症スペクトラム障害
(杉山 2011)

　授業中ずっと座っていられない、怒りのコントロールができない、友達とのトラブルが多いなどという困り感である。そのうえで、その困り感はどこから来ているのかを考える。

　困り感が発達障害に由来していると感じられたら、まず第1にスクールカウンセラーやスクールソーシャルワーカーに相談しながら、困り感と障害特性との関係を特定する必要がある。その理由は、教師は教育の専門家であるが、障害の専門家ではなく、単独で障害を特定することは困難であるからだ。また、診断を下すことができるのは医師だけであるため、教師が保護者に障害を特定した診断を下してはならないと考えられる。保護者に対して教師が不用意に障害名を口にしてしまうと、保護者の混乱を招きかねないので注意して欲しい。

　障害名は同一であったとしても、障害特性は千差万別で、一人ひとりの顔や性格が違うように、障害特性の出現の仕方も一人ひとり違う。障害特性の一つに、認知・実行機能の特徴が挙げられる。外部からの情報や刺激がどのように入力（認知）―処理―出力（実行）されるのかという特徴を知ることができれば、子どもに合った支援の方法を見出すことができる。たとえば、その特徴が目から入る情報処理を得意とする視覚優位なのか、耳から入る情報処理を得意とする聴覚優位なのかによって、子どもへの働きかけ方が変わっ

86 第Ⅱ部 教育相談に必要な発達と精神病理の知識

てくる。視覚優位であれば目で見てわかるような指示を、聴覚優位であれば簡潔な言葉で順序よく説明を行うなどの工夫をすることができる。子どもが理解できないという状態には理由があり、子どもの障害特性に合った方法を用いていない可能性があることの検証が必要となる。

　また、障害特性を知ることは、子どものできること、適切な支援があればできること、どう頑張ってもできないことを知ることでもある。どう頑張ってもできないことを子どもに強いることは、子どもにとっては苦痛でしかない。子どもが抱えている困難を周囲が理解して対応できていないために、本来抱えている困難とは別の二次的な情緒や行動の問題が出てくる二次障害につながることもある。

　障害特性を正しく知るためには、子どもの状態を把握し、支援を前提とした総合的なアセスメントを行うことが不可欠である。アセスメントの方法には観察法、面接法、心理検査法等がある。心理検査法の一つであるウェクスラー式知能検査は、言語性 IQ と動作性 IQ という測定概念を用いて、個人内差（個人の得意不得意）の測定を行うことが大きな特徴で、障害特性をより明確に知ることができる長所がある。どのような方法を用いて障害特性を知るかは臨床心理査定を専門としているスクールカウンセラーと相談して欲しい。

　そして、総合的なアセスメント結果に基づき、子どもの障害特性に合った「個別の教育支援計画」や「個別の移行支援計画」などを作成し、親の同意のもと、関係機関の専門家が効率的に情報を共有するためのシステムを構築することが望まれる。関係機関との連携や、関係機関の種類については、第2章第3節「学校外部の専門機関との連携」において詳しく述べたので、そちらを参照願いたい。

　その際に、誰がキーパーソンになるかを検討しておきたい。キーパーソンは保護者の疑問に真摯に応え、必要な関係機関に適切につなげる調整・連絡を実行してくれる専門家のことである。できることならば子どもの生涯を通して支援するキーパーソンが必要であるが、教育・医療・福祉・労働等の縦割り行政の問題でキーパーソンは移行していかざるをえないという現状がある。途切れない支援を目指して、連携体制を構築することが肝要である。

また、スクールカウンセラーやスクールソーシャルワーカーなどの専門家らを学校に入れて、チームで子どもたちを見ていこうとする「チーム学校」という体制が推奨されている。その際には学校と家庭や地域社会との関係を整理し、学校が何をどこまで担うのか、整理することが必要である。

自閉スペクトラム症／自閉症スペクトラム障害

知的水準に関係なく、社会性、コミュニケーション、想像力の障害が認められる場合は自閉スペクトラム症／自閉症スペクトラム障害（Autism Spectrum Disorder）と呼ばれている。脳の発達が通常と異なり、扁桃体や小脳の異常、セロトニンの機能障害、神経接合不全などの特徴があるといわれている。また、過去の記憶の中や今起きていることなどの情報を統合し、将来何が起こりうるかを予測したり計画を立てたりする能力がうまく機能しない傾向が強い。したがって、自分自身を時間と空間の中に関係づけたり、構造化したりすることが困難であることが多い。認知的には、一つのことにしか注意が向けられない、不安で仕方がない、知覚が過敏もしくは鈍感である、人への注目が弱いなどの特徴もある。

注意欠如・多動症／注意欠陥・多動性障害

注意欠如・多動症／注意欠陥・多動性障害（Attention-Deficit / Hyperactivity Disorder）とは、不注意、多動性、衝動性を持った障害である。周りからの刺激に引きずられたり、刺激からそのまま行動してしまったりするという特徴がある。不注意という特徴は、注意力や、注意の持続性の欠如となって表れる。これらの障害から日常生活場面では、始めたことをやり遂げられない、相手の話を聞いていない、忘れ物・落し物が目立つなどがある。多動性とは過剰な活動である。具体的には、絶えずせわしなく動き回る、体の一部をくねくねもじもじ動かす、多弁さなどの特徴がある。衝動性とは、結果を考えずに判断・行動することである。その結果として、自分や他人を危険にさらしてしまったり、順番を待てなかったり、質問を最後まで聞くことなく、答えてしまったりするなどの特徴が見られる。

限局性学習症／限局性学習障害

限局性学習症／限局性学習障害（Learning Disability）とは、全般的な知的発

達に遅れがないものの、「聞く」、「話す」、「読む」、「書く」、「計算・推論する」能力のうち、いずれかまたは複数のものの習得・使用に著しい困難を示す特徴がある。最近では学び方が異なる障害であることから、Learning Differently といわれることもある。限局性学習症／限局性学習障害は、小学校に入学し、本格的な学習に入ってからわかってくることが多く、判断の難しい障害である。特定分野でできないことを除けば、発達の遅れは見られないため、頑張ればできる、努力が足りない、勉強不足と見なされて、障害が見すごされやすい。あるいは、軽度の知的障害や高機能の自閉症と間違われるケースもある。

発達性協調運動症／発達性協調運動障害

　発達性協調運動症／発達性協調運動障害(Developmental Coordination Disorder)とは、知的発達に遅れがなく、明らかな脳障害や神経・筋肉の障害もないが、学校や家庭内で生活に支障が出るほどの不器用さが表れる障害である。たとえば、自転車に乗る動作は、足でペダルをこぎながら、ハンドルを操作したり、体重移動をしたりするという、複数の運動機能を協調的に同時に行わないとうまく乗れないが、それが困難となる場合がある。その子どもの年齢にふさわしい協調運動技能の獲得ができていなかったり、協調運動技能の学習が著しく遅かったりという特徴がある。注意欠如・多動症／注意欠陥・多動性障害との併存は高く、2つを併発している場合は DAMP 症候群（Deficits in Attention, Motor control and Perception／注意・運動制御認知における複合的障害）と呼ばれることもある。

チック症群／チック障害群

　チックとは、突発的、急速、反復性、非律動性（本人の意思とは関係ない）の運動または発声のことである。多彩な運動チック、および一つまたはそれ以上の音声チックの両方が1年以上持続し、発症が18歳以前である場合は、トゥレット症候群（Tourette Syndrome）と呼び区別する。他の障害を併発する場合も多く、注意欠如・多動症／注意欠陥・多動性障害や強迫性障害は特に多い併発症とされている。この場合は、一般の強迫性障害とは治療法が異なるため、注意が必要である。

選択性緘黙

　選択性緘黙 (Selective Mutism) とは、言葉を話したり理解したりする能力があるにもかかわらず、幼稚園や学校などの社会的場面で話すことができない状態をいう。話すことが期待される特定の社会的状況 (例：学校など) に至るまで、症状が顕在化しないことが多い。選択性緘黙は大人になれば治るものと考えられてきたが、そのままにした場合、不登校などにつながるケースも見られる。また、引きこもってしまってからでは支援が難しいため、できるだけ早期に適切な支援が必要である。

発達障害の子どもを持つ親への支援

　我が子を周りの子どもと比べながら育てることは親にとっては自然なことである。その中で、「うちの子は何か違う」と気付くことは親にとっては不安でしかない。我が子が周りの子どもと違うということは普通であることの喪失であるからだ。

　喪失体験には悲嘆のプロセスがあり、障害受容をするためにはいくつかの段階が必要となる。Drotar, et al (1975) は先天奇形を持つ子どもの障害受容の段階として、①ショック、②否認、③悲しみと怒り、④適応、⑤再起の5段階を挙げている (図7-2)。発達障害の子どもを持つ親が現在どの段階に位置するかを理解することは、支援を考えるうえで重要なことである。また、普通であることの喪失は、絶え間なく悲しいことであり、悲哀は発達的な事象に伴って周期的に表れる。しかし、それは正常な反応でもあるため、支援者はその慢性的な悲哀を受容しながら支援することも大切である。

　そのうえで、親には子どもの困り感に目を向けてもらい、その困り感は誰が抱えている問題なのかを理解してもらうことが必要であろう。誰よりも当事者としての子どもがもっとも困っているのである。また、子どもがどのような体験世界にいるのか、子どもへの接し方や環境調整をどうすればいいか、などを説明できると、二次障害を防ぐ手立てになるかもしれない。

　また、発達障害の成人研究では、児童期から成人期にかけての著しいIQの変化は滅多になく (Howlin, et al 2005)、障害特性は発達につれて変化するものの、本質的な偏りは生涯にわたって継続するという (田中・内山 2007)。し

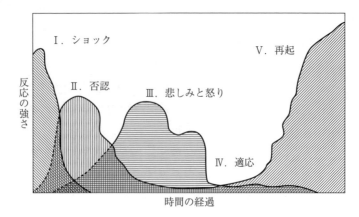

図 7-2　先天奇形を持つ子どもの誕生に対する正常な親の反応の継起を示す仮説的な図

たがって、教師は親の障害受容を促進する支援をするとともに、社会に適応するためにできることは何かをなるべく早い段階から知っておくことが必要である。

このような観点から、親とともに幼児期・児童期に取り組みたいことは、教科学習も大切だが、心の健康を第1に優先すること、苦手なことをするよりも好きなことや得意なことを伸ばすこと、規則正しい生活習慣を身につけること、社会のマナーとルールを理解し守ること、日常生活の中で様々な体験をすること、一方的な指示ではなく他者との合意形成の習慣を身につけることなどである（本田・日戸 2013）。

5　その他の気になる子どもたち

教育活動を行っていくうえで、教師は様々な子どもと接する機会がある。心と体の発達を考えるとき、少数派かもしれないが、子どもの個々の特徴を理解し、その子どもに必要な対応を、教師としては知っておかなければならないケースがある。

その一つに、「外国につながる子ども」といわれる子どもたちがいる。あ

るいは「文化的・言語的に多様な背景を持つ児童 (Culturally Linguistically Diverse Children, 略して CLD 児)」と呼ばれることもある子どもたちである。その子ども自身のルーツは海外にあるため、多様な文化的・社会的背景を持っている。つまり、多様な言語、文化、価値観、慣習などの中で育ってきた子どもである。彼らの中には、母国語も日本語も中途半端で、読み書きがうまくできず「ダブルリミテッド」と呼ばれる言葉のハンディを抱えている場合がある。普段の生活やコミュニケーションでは問題はないが、思考のための言語の機能が不十分なため、自我形成への影響が危惧されている。また、言語習得の遅れが発達障害に由来するかどうかの判断が難しい側面もある。

　また、別のタイプの困難を抱えた子どもに、精神疾患の親を持つ子どもがいる。彼らは、親が病気であることを隠しながら生活をしている場合が多いため、親の病気を恥ずかしく思ったり、自分も同じ病気になったりするのではないかと心配している。また、似たような病気の症状や、深刻な情動面での問題が表れる子どももいる。経済的に困窮している場合もあるため、福祉的な支援も必要である。

　そのほかには病弱の子どもも独特の困難を抱えている。彼らは、白血病、脳腫瘍、筋ジストロフィーなどで長期の入院をしたり、何度も入退院を繰り返したりしている場合がある。その中には友達と上手に関われなかったり、学習の遅れや空白があったりすることを心配している子どももいる。復学する場合には、気をつけなければならない症状、体調が悪いときの対処の仕方、服薬や処置の仕方、運動や食事などの制限等も知っておく必要がある。

　さらに、犯罪被害に遭った子どもたちにも特別な配慮が必要である。彼らは、自分が何か悪いことをしたからこんな目に遭ったのだと自分を責めていることが多い。したがって「あなたは何も悪くない」と伝えることが大切である。また、幼児期に性的虐待に遭った子どもは思春期にその行為の意味を知り、大変ショックを受けることがある。周囲の無理解から二次被害を受けることも多いため、犯罪被害に遭うとどのような精神状態になるのかを理解することが必要である。

〈事例 1〉 授業中にふざけていた 2 人の児童

　国語の時間、男子児童 A 男と B 太（共に小学校 4 年生）はふざけていた。先生に注意されても止めず、お互いにノートに落書きをして遊んでいた。A 男の前の席の C 彦も時々一緒に参加していた。そのとき、B 太の消しゴムがなぜか教卓の先生の前に転がっていった。B 太は先生に自分が怒られると思い、A 男に「お前がやったんだろ！」と問い詰めた。A 男は自分ではなかったが何も言わずに B 太のノートに鉛筆でぐちゃぐちゃと線を引いた。B 太も A 男のノートに同じことをした。そのやりとりが何回か続き、A 男はとうとう筆箱からマジックを取り出し、B 太の T シャツの袖に殴り書きをしてしまった。そこで B 太が大声を出して先生や周りの子たちからの注目の的となった。周りの子たちは口々に「あーあ、マジック消えないぞ」「A、どうすんだよ」と A 男を責める雰囲気になり、A 男は何も言えずに興奮しながら身を丸くして自分を守るのが精いっぱいだった。　　　　　　　　（『児童心理』2014 年 11 月号、pp. 103-104）

　課題1　あなたが A 男に相談されたならば、最初の一言は？

　課題2　A 男と B 太の状態を考えよ。

　課題3　先生としてどのような対応が考えられるか。

〈事例 2〉 不登校気味の児童の保護者からの相談

保護者：「小学 1 年生の男児の親です。2 学期が始まってすぐ、体調不良を訴えることがあり、休ませました。その後、体調不良を訴えることが多くなっています。クラスの友達とうまくいかないこともあるようで、授業中にかんしゃくを起こしたこともありました。無理に学校に行かせようとすると泣き始め、気持ちの切り替えもなかなかうまくできません。午前中に調子が悪く、午後になると顔色がよくなります。学校でいじめがあるわけでもないのですが、このまま体調不良の訴えを受け入れて、学校を休ませるべきなのでしょうか。精神科医に相談したら、『学校は本人が行きたいと思うのを待つほかない』といわれましたが、本当に待つだけで大丈夫でしょうか？」

　　　　　（『自閉症児のための明るい療育相談室』pp. 130-135 から筆者が改変）

　課題1　あなたが相談された先生ならば、最初の一言は？

　課題2　この男子児童の背後には、どんなことが考えられるだろうか。

引用・参考文献

アメリカ精神医学会 『DSM-5』(『精神疾患の診断・統計マニュアル』第5版)

エリクソン,E. H. (小此木啓吾・小川捷之・岩男寿美子訳) 1973『自我同一性―アイデンティティとライフサイクル』誠信書房

杉山登志郎 2011『発達障害のいま』講談社、p. 51

田中恭子・内山登紀夫 2007「アスペルガー症候群―病因と臨床研究Ⅳ 診断の進歩1. アスペルガー症候群―診断基準」『日本臨床』第65号、pp. 470-474

ピアジェ,J. (滝沢武久・岸田秀訳) 1969『判断と推理の発達心理学』国土社 (Piaget, J., 1924, *Le jugement et le raisonnement chez I' enfant*, Delachaux et Niestlé.)

ボウルビィ,J. (黒田実郎・大羽蓁・岡田洋子訳) 1976『母子関係の理論Ⅰ 愛着行動』岩崎学術出版社 (Bowlby, J., 1969, *Attachment and Loss. Vol. 1, Attachment*, New York: Basic books.)

本田秀夫・日戸由刈編著 2013『アスペルガー症候群のある子どものための新キャリア教育』金子書房

Drotar, D., Baskiewicz, A., Irvin, N., Kennell, J., & Klaus, M., 1975, The Adaptation of Parents to the Birth of an' Infant with a Congenital Malformation: A Hypothetical Model, *Pe-diatrics*, 56(5), pp. 710-717.

Howlin, P., Goode, S., Hutton, J. & Rutter, M., (高木隆郎・ハウリン, P.・フォンボン, E, 編) 2005「《展望》 自閉症児童の成人期における転帰」『自閉症と発達障害研究の進歩 特集：転帰』第9号、pp. 3-28

Parten, M. B., 1932, Social Participation among Pre-school Children, *Journal of Abnormal and Social Psychology*, 27, pp. 243-269.

中高生の心理と精神病理

第8章

　中高生は、青年期という発達段階であり、第2の誕生を意味する。生物学的な成長である思春期に始まり、独立と自立という社会的な成長を遂げる青年期は、13〜20歳の年齢に相当する。

　大人の考えでは、青年期は幸せなもの、人生を満喫し、青春を謳歌し、心配事のないように見えるかもしれない。しかし実際には、多くの青年がこの時代を苦悩とともに生き、怒りや恐怖や疑問に取りつかれてすごす。

　青年期は、身体・社会・心理的変化、自我同一性の探求、性や死についての疑問から生じる精神的な不安定と内面の混乱の時代である。青年期の若者はしばしば不安に取りつかれ、反抗の精神に突き動かされ、疾風怒濤の中にいる。

　また、青年期は子どもから大人への過渡期である。子ども集団から抜け出し生活空間を急激に広げるが、その新しい領域は彼らにとっては未知であるし、まだ大人集団に属することはできない。青年はどちらの集団にも属せず、2つの集団の境界に生きる不安定な「境界人（マージナルマン）」とも呼ばれる。

　このように不安定な時期をすごす中高生は、様々な心の問題を呈することが多い。いじめ、不登校、非行、青年期に発症する統合失調症などの精神疾患などがある。しかし、大人への反抗と普通であることへの希求から、自ら教育相談に訪れる機会が少なく、支援への道筋をつけにくいという特徴があり、その対応には工夫が必要となる。

1　思春期・青年期の急激な変化

　思春期とは、春を思う時期と書く。春とは性（sex）のことを表すことが多

い。身体的な成熟とともに、それと密接に関連しながら、様々な側面で急激な変化が起こるのが思春期である。

変化を受け入れることは、心理的な負担が大きい。変化が起きる前の自分、変化している進行中の自分、変化した後の自分を統合させなければならないからである。したがって、思春期の時期に様々な悩みや葛藤を抱えるのは自然なことである。

しかし、悩みを打ち明ける対象としての友人や大人との関係も変化する時期であり、一人で悩みを抱え込んでしまう可能性も高くなるため、親や教師は兆候を見逃さず、そのつらさに寄り添うことができるような対応が必要になる。

ただし、友人たちとの違いを嫌い、普通であることを望む傾向が高いため、「何か悩んでいるんじゃない」と問いかけられても、「大丈夫です」と返答することが多分に見られる。したがって、日頃からのコミュニケーションを図り、悩みを相談しやすい信頼関係の構築が必要となる。

身体的変化

思春期には、成長ホルモンや性腺刺激ホルモンの分泌が急激に増加し、身体が形態的・機能的に変化する。身長・体重・胸囲などの発育の速度が急激に高まり、男子では声変わりや精通の開始、女子では乳房の発育や初潮というような第2次性徴が見られるようになる。

このような身体的変化は、性的な衝動の高まりをもたらし、様々な葛藤につながることが多い。心理的変化よりも先に訪れる身体的変化をどのように受け入れるかが自己肯定感に影響を及ぼす。早熟か晩熟かによっても、また、成熟の程度によっても、他者から見た自己イメージが変化する。この時期に体つきが変わり、それを周囲から指摘されることによって、その変化を抑制しようとして拒食症などの摂食障害などが発症することもある。

また、青年期は第2次性徴による生物学的性 (biological sex) に基づいて、それまでに身につけてきた性役割を自分自身で再検討し、自己の中に位置づけなくてはならなくなる。これを性自認という。性役割についての自分なりの概念や価値観を確立しつつ、それと実際の行動とを一致させることや、自分

の中にある性役割以外の様々な価値観や概念と性役割観を統合させることが重要な課題になる。

そうした中で、生物学的性と性役割や性的指向が一致しない場合もある。LGBT（性的マイノリティ）や性同一性障害などである。LGBT の青年はいじめや暴力を受けたり、自殺を考えたりすることもある。そのために文部科学省(2016) は、教職員に向けて『性同一性障害や性的指向・性自認に係る、児童生徒に対するきめ細かな対応等の実施について』の通知をまとめている。まずは、教師が LGBT や性同一性障害について正しく理解することが必要である。

社会的変化

青年期は、子どもから大人への過渡期であり、児童期と青年期の社会的地位は異なる。身体的成熟をはじめとする様々な変化は、周りの大人の青年に対する見方を変える。大人たちは、青年に対してそれまでとは違う期待を持つようになり、同時に青年が大人を見る目も変化する。青年と大人の関係は上下の関係から対等の関係に変化し、大人を批判的に見るようになる（第2次反抗期）。また、発達に伴い青年の行動の自由度が増し生活圏も広がるため、親から離れながら（心理的離乳）、自主・自立への志向が高まっていく。

また、青年期は他者との関係の中で自分を見つめ、他者が自分にどのように反応しているかを基準に自分を理解しようとする。これは、自分からの視点とは異なる、他者から見た視点を取得できることと関連している。その背景には、役割取得能力あるいは社会的視点取得能力の発達がある。さらに、自分と相手とのやりとりを別の視点から見ることができるようになり、自分がこうしたら相手はどう思うか、相手は自分に何を期待しているのかを理解することができることにつながっている。

このような特性から、青年期の若者は他者から嫌われずに受け入れてもらえる性格を演じることによって、他者との関係を円滑にしている傾向がある。しかし、他者から受け入れられる性格とありのままの自分が異なる場合は、自分のことをわかってもらえないと苦悩することもある。また、あまりに他者から期待される性格を演じる期間が長すぎると、本当の自分がわからなく

なり混乱することも多くなる。

心理的変化

　青年期は「第2の誕生」といわれるように、新しい自我が形成される時期である。それまで親や大人から取り入れた価値観で物事を判断してきた自分自身に目が向けられ、それらの価値観を検証し、今度は自分なりの価値観を作り直すのである。

　そして、自分はこの世で唯一無二の存在であるという自覚を持つようになる。10歳頃に「自分ってこの世に独りぼっちの存在なのだ」と初めて気付くことがあるが、青年期にはその自覚が孤独感を、一方で自分自身の内面への関心や固有の自己を求める気持ちをもたらす。

　また、青年期になると、目の前にある現在だけでなく、今は見えない未来が意味を持つ。未来の自分は現在の自分が作り、現在の自分は過去の自分によって作られてきたことを理解し、自分自身や周囲の他者や社会も、過去・現在・未来の時間的流れの中で捉えることができるようになる。たとえば、他者の苦痛の捉え方も、目に見える苦痛の表情などの情報だけでなく、その理由や状況を考慮したうえで理解することが可能になる。したがって、友人も心理的・内面的な基準によって選択していくように変化していく。

　青年期は、友人と分かち合いたいという欲求が強く、自分を映す鏡のような存在を求める。また、青年は友人と秘密を共有するようになり、このような過程を経て、相互の信頼と親密性を育てていくのである。青年期では友人関係がもっとも強い人間関係であるため、自分を抑えて相手に合わせてしまうという同調行動をする傾向が高い。違いを嫌い、他者と同じであることを希求するのはこのような特性からである。

　一方で異性との出会いは、性役割同一性の獲得を促す働きをしている。異性に出会い愛情や承認を得る過程を通して、自分が男性あるいは女性として評価され、心がときめくような経験に楽しみを見出すことを学ぶのである。しかし、青年期は異性と一緒にいるときにネガティブな感情を持つ異性不安が高く、異性との日常的な行動を抑制する傾向もある。

98   第Ⅱ部　教育相談に必要な発達と精神病理の知識

死の理解

「死とは何か」という問いは、青年期に必ず現れる疑問の一つである。

青年期は、人生の長さよりも今自分の身に起きていることの出来事の方に関心がある傾向が高い。死について個人的に考えたりするが、実感として自分が死ぬとは思っていない。しかし、いつか自分自身も死を迎えるという想像はできるようになり、死によって自分自身の夢や希望の実現が不可能になることを理解している。これが、死への恐怖や不安につながり、その不安が自我同一性の危機を通して、若者の無謀さとの親和性を高めているのである。

警察庁の発表によれば、2016 年に小学生 12 人、中学生 93 人、高校生 215 人が自殺している。高校生になると思考や表現が発達することで、死にたいと願う希死念慮を言葉で明確に表出することができるようになり、それを実現するために自殺企図に至ることが多くなる。生き続けることはつらいことで、自死を選べばこのつらさから逃れられるという切実さがそこにはあるのだが、親や教師は兆候を見逃さず、そのつらさに寄り添うことができるような対応が必要になる。

2　自我同一性と同一性拡散

自我同一性は、エリクソン（1959）が提唱した ego identity の邦訳である。自我同一性の概念は、一般的には「自分とは何か」という問いに対する答えであるといわれている。

「自分とは何か」を考えるうえで大切なことは、自分らしさが他人から認められていること、自分から見た自分と他人から見た自分が一致していること、そして過去—現在—未来の自分の姿が一貫して連続的につながっていることである。私が私であるという自己の感覚を持つ人間になるためには、周囲の人々の目と心を通して、自分を見つめる体験が求められるのである。

エリクソンは自我同一性の確立を青年期の発達課題として捉えている。青年期は人生の中でも自己に目が向き、自分の性格や対人関係に悩み、将来を模索する時期である。エリクソンは青年期を「それまでのさまざまな経験の

中から見つけ出してきた自分というものを統合する時代」と考えている。

一方、この統合がうまくいかなかった場合は、自我同一性拡散という状態に陥る。また、自我同一性が形成されていない段階をモラトリアムという。モラトリアムとは自我形成をする過程で、様々な経験をすることを社会から認められた猶予期間のことである。

河合（1992）は、青年期を「さなぎの時代」と呼んでいる。「さなぎというのは硬い殻に包まれて死んだように動かず、外から見ると何が起こっているのかわからない。しかし、さなぎの内部では芋虫が蝶になるという大変な変化が渦巻いている。芋虫が無事に蝶になり、飛び立つためには外側に硬い殻を築き、さなぎの時代を過ごさねばならない。同様に人間にも、さなぎの時期が必要である」としている。

この時期の親や教師の役割は、さなぎが大きな変化をする際に必要とする硬い殻のように、さなぎの時代に当てはまる青年たちを守ることだと考えられる。大人が青年を硬い殻のように守ることができれば、青年は安心して変身が遂げられるのであろう。

ただし、自我同一性の形成は青年期に限定した課題ではなく、ライフサイクルを通して、人生の節目などで再形成を余儀なくされることがある。青年期の発達課題である自我同一性の確立は、今後一生続く「自分とは何か」という課題のスタート地点になるため、この時期に様々な危機に直面しながら、自分自身と向き合うことが必要となる。

このように青年期に入ると「自分探し」を行うことが一般的であるという考え方が社会に定着していることもあり、親や大人から「自分探し」をすることを暗黙の了解として促される傾向にある。しかし、これまで親の期待に応えるためにありのままの自分を抑えながら成長してきた若者は、内面が空洞化している自分に気付き愕然とすることがある。「本当の自分って何だろう」、「本当の自分ってどこにいるのだろう」と探し回らなければならないような状況に陥り、苦悩することもある。このようなときには、親や教師は子どもの話に耳を傾け、ともに苦悩しながら「自分探し」の手伝いをしたい。

たとえば、苦悩に満ちた表情をしている何も語らない子どもが目の前にい

100　第Ⅱ部　教育相談に必要な発達と精神病理の知識

るとする。教師はまずはともにいて、ありのままの子どもを受け入れること
から始めたい。子どもの話に耳を傾け、何に悩み、どのように感じているの
かを言語化しながら、ともに考えていくことによって、子ども自身がその悩
みにどのように対峙していけばよいのかを知ることができるように支援した
い。

3　中高生の精神病理

　ここでは、中高生で発症することの多い精神病理について説明する。これ
らの精神病理が疑われる際には、スクールカウンセラーとよく相談し、専門
機関に紹介することが望ましい。

　精神疾患は、生物学的・心理的・社会的な3つの要素からアセスメントを
行う必要がある。先入観に基づかない状態像を多面的に理解するためには、
スクールカウンセラーの専門性が役立つことがある。

　また、スクールカウンセラーは教師とは独立した存在であり、子どもの評
価をしないため、親や教師に知られたくないことも安心して相談できるとい
う外部性を持ち合わせている。

　ただし、スクールカウンセラーは非常勤職員という勤務形態等から、その
活動には限界があり、日常的に子どもと接している教師が精神疾患の兆候を
第1にキャッチする機会が多いため、教師はその正しい知識を得ておく必要
がある。

統合失調症

　幻覚や妄想という症状が特徴的な精神疾患である。思春期・青年期に発症
することが多いため、中学・高等学校の教員は特に知っておくべき精神疾患
である。15〜25歳までに発症する「破瓜型」というタイプがあるが、「破瓜」
とは思春期を意味する言葉である。陰性症状と呼ばれる感情の平板化および
意欲低下や、陽性症状と呼ばれる幻覚や妄想が見られる。病気になる前の性
格は、多少内気で孤立しがちな傾向がある。

　本人には病識がないため、話の内容が支離滅裂で筋道が通っていない、周

囲からすると何を考えているかわからないと感じるような言動を取るなどの
様子が見られたら、スクールカウンセラーに相談したうえで、専門機関につ
ないで欲しい。

うつ病（大うつ病性障害）

　うつ病とは、つらく沈んだ気分または興味や喜びの喪失が、ほとんど一日
中、ほぼ毎日2週間以上続き、日常生活に支障が出てくる状態のことをいう。
これまで青年期のこのような状態は、青年期の一般的な発達の一部であると
考えられてきたが、児童、青年期においても成人と同様にうつ病と診断しう
ることが明らかになっている。『DSM-5』（アメリカ精神医学会の診断基準）では
児童期・青年期・成人期は同じ診断基準が用いられ、抑うつ気分、快楽喪失、
食欲不振、不眠、精神運動制止、易疲労感、無価値感、集中力の減退、希死
念慮といった9つの症状のうち5つ以上あれば大うつ病性障害と診断される。
　年齢が低い場合は、行動が緩慢になることや身体症状として表出されるこ
とが多いという特徴がある。たとえば、友人から孤立するようになったり、
成績が低下したり、不登校になったりするなど、行動が変化する。年齢が上
がるにつれて、思考や表現が発達すると、成人のように抑うつ気分や絶望感、
希死念慮を言葉で表出することができるようになる。また、青年期のうつ病
は慢性化しやすい。

強迫性障害

　強迫観念、あるいは強迫行為などの強迫症状を主症状とする神経症である。
強迫性障害の症状でよく見られるのが、手を洗うのを止められなかったり、
外出するときに何度も何度も鍵をかけたか確認したりするなどである。
　本人はその行為は不合理であり、大変疲れると認識はしているが、その行
為を行わないと我慢できなくなるくらいの強い不安や恐怖に襲われるという
特徴がある。強迫された行動をすると不安は一時的に低下するが、同様の場
面になると再び強迫観念から、強迫行為を繰り返してしまう。
　発症年齢は10〜20代の若い時期が多く、平均すると19〜20歳だが、小児
期から症状が始まるケースもある。症状に追われる生活が長く続くと、気分
が落ち込みやすくなり、うつ病を併発する人も多く見られる。また、家族を

巻き込み、強迫行為を強要する場合もある。トゥレット症候群と併発する強迫性障害は、一般的な強迫性障害と異なるタイプであるため、注意が必要である。

4　中高生の発達障害

　中高生以降になると、学業成績が普通かそれ以上の発達障害の生徒が、不登校や中退、行動やコミュニケーションの問題、精神疾患の合併や自律神経症状を呈することによって表面化することが多くなる。また、発達障害の二次障害で不登校というケースも増えていて、不登校が長期化すると学校復帰が困難になる傾向が高い。

　表面化した場合でも、本人はもとより親の側も発達障害の自覚がない場合が多いため、専門機関につなげることに様々な困難を伴う。しかし、本人の学校生活での困り感に焦点を当て、親とよく話し合い、校内体制を整えながら、医療機関を受診してもらうことを促したい。

　ハウリンら（Howlin, et al 2005）の調査では、集中的で特殊な治療介入がない場合、児童期から成人期にかけて、著しい知能指数（IQ）の変化はめったにないと報告されている。また、発達障害の特徴である認知の偏りも生涯にわたって継続するとされている（田中・内山 2007）。しかし、知的水準や認知の偏りが様々であったとしても、早期からの療育開始や、適切な継続的支援およびトレーニングの積み重ねが社会的適応につながるといわれている（杉山 2008）。したがって、中高生になったら、大学進学を目指す場合もあるが、いつかは社会人になることを念頭に置き、就労を視野に入れた支援を行うことも考えていきたい。

　しかし、勉強ができれば何とかなるという発想を持つ親や教師が多いため、家の手伝いなどをさせることもなく、勉強に多くの時間を費やして、他者や社会との関係性の中で経験できる様々な機会を失っていることがある。発達障害の特性として、発達過程で自然に身につく一般常識や生活スキルが抜けてしまうこともあるため、それらを学ぶ体験を積んでおくことが、将来の社

第8章 中高生の心理と精神病理 **103**

会的な適応には不可欠だと考えられる。

また、中学生では、毎日の予定を意識し自分で予定を立てたり、他者との合意形成を図りながら自己決定をしたりするなどの練習をしたい。そして、高校生では、自分のことは自分でしたり、社会のルールや一歩進んだ自分自身の障害特性の理解をするなどに取り組みたい。

ある特例子会社（会社の事業主が障害者のために特別な配慮をして設立した子会社）の人事担当者から聞いた採用条件は、①継続して通勤できること、②身辺自立、③コミュニケーション能力（挨拶、返事、わからないことを質問する）、④フルタイムで働ける体力と気力（調子が悪いときは申し出る）、⑤チームワーク（組織の一員として働ける）である。これらは、中高生のうちから身につけておきたい基本的な習慣・態度であろう。

また、障害者雇用の面接で合格するためには、本人自身が障害を受容できていて、自らの障害特性や希望する配慮を具体的に説明できることが求められる。発達障害の特徴である認知の偏りは生涯にわたって継続するものであり、当事者である本人はその偏りとともに生きていかなければならない。したがって、自らの障害特性を知ることは、自らの人生を自らの意思に基づいて設計するうえで非常に大切な意味を持つと考えられるため、本人の理解力などの状況を見極めながら、支援を前提とした障害告知を行うことも検討したい。

青年期の就労支援を行っているある相談員は、「発達障害傾向を感じたときから、就職活動（就職への準備）をする必要がある」といっている。教師は学校教育の年限や異動によって支援する期間に限りがある。その制約の中で、目の前にいる生徒が将来幸せに社会生活を営むために、今何をすべきかを真摯に考え、関係機関と連携を取りながら、途切れのない支援体制の構築を目指して欲しい。

〈事例1〉 授業中に先生に指名されなかった生徒からの相談

授業中に先生に当てられなかったことについて、担任Aに、女子生徒B子

（中学校1年生）の相談があった。

「国語の授業中に手を挙げて発表しようとしたのに、先生は私を当ててくれなかった。すごく腹が立つ。先生に抗議したら『今までずっと私語をしていた人は当てません』っていわれた」

課題1 あなたが相談された先生ならば、最初の一言は？

課題2 この女子生徒の言葉の背後には、どんなことが考えられるだろうか。

〈事例2〉 精神的に不安定な生徒の保護者からの相談

保護者から、学級担任に以下のような相談があった。

「幼い頃からおとなしい性格で、高等学校に入ってからもクラスで孤立しがちでした。家庭では、これといった反抗期もなくすごしていましたが、あるときから頑なに風呂に入るのを拒むようになりました。自分の部屋を散らかし、身だしなみもだらしなくなりました。やがて成績が落ち、友達と出かけることもなくなり、高等学校もやめてしまいました。部屋に閉じこもり、一人で笑ったり、同じことを繰り返しつぶやいたりしています。普段は無表情ですが、親が何かをいうと激しく怒り出すこともあります。どうしたらいいでしょうか」

課題1 あなたが相談された先生ならば、最初の一言は？

課題2 この男子生徒の状態を考えよ。

課題3 先生としてどのような対応が考えられるだろうか。

引用・参考文献

エリクソン, E. H.（小此木啓吾監訳） 1959/1973『自我同一性』誠信書房

河合隼雄 1992『子どもと学校』岩波書店

杉山登志郎 2008「成人期のアスペルガー症候群」『精神医学』第50巻7号、pp. 653-659

田中恭子・内山登紀夫 2007「アスペルガー症候群—病因と臨床研究IV 診断の進歩1. アスペルガー症候群—診断基準」『日本臨床』第65号、pp. 470-474

文部科学省 2016『性同一性障害や性的指向・性自認に係る、児童生徒に対するきめ細かな対応等の実施について（教職員向け）』pp. 1-9

Howlin, P., Goode, S., Hutton. J., & Rutter, M.,（高木隆郎・ハウリン, P. ・フォンボン, E. 編） 2005「《展望》 自閉症児童の成人期における転帰」『自閉症と発達障害研究の進歩 特集：転帰』第9号、pp. 3-28

第 III 部

子どもの諸問題とその対応

（教育相談の実際）

不登校への対応と予防

第9章

1　不登校とその要因

不登校とは―その名称と歴史的経緯

　長期的に学校に行かない、行けない児童生徒の存在は、アメリカやイギリスでは、1930年代から知られていたが、我が国でその存在が教育問題化してきたのは、1950年代の後半からであった。このような児童生徒の存在が問題視され始めた当初は、「学校恐怖症（school phobia の訳語）」と呼ばれていた。その後、学校に対する恐怖感や不安を示す不安神経症の症状ではない事例が報告されるようになり、1970年代に入ると「登校拒否（school refusal の訳語）」が用いられるようになった。

　ところが、文部科学省（当時は文部省）は、長期欠席の理由の一つとして、登校拒否という言葉をなかなか使わなかった。学校基本調査の中では、欠席の多い児童生徒を「長期欠席児童生徒」として、年次統計を取り続けているが、1966年度調査から、長期欠席の理由に、「学校ぎらい」という項目を新設した。すなわち、この頃、病気や怪我、経済的な理由以外で、長期的に学校を休んでいる児童生徒は、学校が嫌いで登校するのが嫌だから行っていないと認識されていたのである。

　この学校ぎらいについて、文部省は、『生徒指導資料第18集　生徒の健全育成をめぐる諸問題―登校拒否問題を中心に』（文部省 1983）において、「学校ぎらい」を理由として長期欠席した者が登校拒否に相当するとし、登校拒否を「学校生活への不適応にかかわるものであり、きわめて深刻な問題」と捉え、その後の中央教育審議会や諸通知では、「登校拒否」を多用し始めたが、

学校基本調査の「学校ぎらい」という分類は1998年度調査まで使い続けられている。この分類項目のため、世間では、病気や経済的困窮などの理由以外の長期欠席の児童生徒は単に学校を嫌っている子どもと捉えられ、学校を怠けている「怠学」と見なされることが多かったようである。

　1980年代から増加の一途をたどる登校拒否児童生徒の問題に対して、文部省 (1992) は、『登校拒否 (不登校) 問題について―児童生徒の「心の居場所」づくりを目指して』を発行し、登校拒否とは、「何らかの心理的、情緒的、身体的、あるいは社会的要因・背景により、児童生徒が登校しないあるいはしたくてもできない状況にあること (ただし、病気や経済的な理由によるものを除く)」と定義している。つまり、特別な子どもの病気と捉えられてきた「登校拒否」の認識を転換し、文部省は「登校拒否はどの児童生徒にも起こりうる」という見解を示した。

　しかし、法務省 (1989) は、子どもの人権に関わる問題として捉え直し、登校拒否を「不登校」と呼び変え、不登校児童生徒の調査を行い、子どもを取り巻く環境の変革を求めているにもかかわらず、文部省は学校基本調査の理由別長期欠席者の理由として、「学校ぎらい」を使い続けている。文部省がやっと「学校ぎらい」を廃止したのは、1999年であった。

　その後、文部省は「学校ぎらい」を「不登校」という項目に転換し、不登校という言葉が一般化した。この学校基本調査では、不登校を、前年度間に30日以上欠席した者のうち、「病気や経済的な理由以外の何かしらの理由で登校しない (できない) ことにより長期欠席した者」と定義している。

　さらに、2003年の「不登校に関する調査研究協力者会議」の報告では、単に心の問題として捉えるだけではなく、進路の問題も含めて将来の社会的自立に向けて支援すること、立ち直りを待つだけで何もしないという極端な対応を改めること、必要な場合には登校刺激を行うなどの働きかけや関わりを行い、フリースクールなどの民間施設やNPOとの積極的な連携協力を行うことなどを提言した。しかしながら、不登校児童生徒は図9–1に示すように増え続け、2001年をピークに若干減ったものの、依然として多いままである。

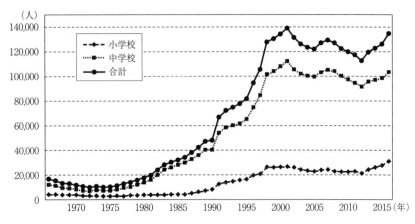

図 9-1　不登校児童生徒数の推移

注1：学校基本調査、および「児童生徒の問題行動・不登校等生徒指導上の諸問題に関する調査」より筆者作成。
　2：1999年度までは年間50日以上、1991年度からは年間30日以上の欠席。
　3：1997年度までは「学校ぎらい」、1998年度からは「不登校」と、長期欠席の理由の表現が変わっている。
　4：1972年以前は沖縄県を含んでいない。

学校に行きたくない児童生徒

　学校に行きたくない児童生徒は、学校のことを意識しているのに、行こうとする意思が弱く登校が続かない状態になっている。「あそび・非行型」は校則違反や授業妨害など、非行、問題行動を繰り返し、気の向くままに登校し、教師とのトラブルを起こす。担任からの働きかけが遅れると、欠席が長期化する。見捨てない方向で粘り強く家庭訪問等を続けていくことが大切である。「無気力型」は家でごろごろしていることが多く、友人関係が希薄で友達も限定されている。学校へ行かなくてはいけないという心理的な葛藤が見られない。何となくという感じで登校し、また休み始める。登校を促すと数日登校するが、続かないことが多い。学級担任との人間関係が希薄にならないよう家庭訪問を行い、登校刺激を続けていくことが大切である。「学力不振型」は学校の授業がまったく理解できなくなり、学校生活への魅力がなくなり、登校しなくなってしまう。学校生活で生きがいや仲間意識を持たせる指導が必要である。また、わかりやすく楽しい授業を心がけることも大切である。

学校へ行けない児童生徒

　学校に行こうとする意思はあるが、何らかの要因によって登校することができない、神経症的な不登校である。神経症的な不登校の特徴は、欠席する曜日に偏りがあり、連休後の欠席や週始めの欠席が目立つ。登校時に頭痛、発熱、腹痛などの身体症状が表れ、学校へ行かなければならないことを意識しながら、登校できないという葛藤状態にある。欠席が長期になると、生活のリズムが乱れて、昼夜の生活が逆転し、家庭内暴力に至る場合もある。不登校になったきっかけを「友達に嫌なことをいわれた」、「いじめられた」などと訴える場合が多い。児童生徒や保護者の訴えに耳を傾け、早期に対応していくことが大切である。

不登校の要因

　不登校状態にある子どもの抱える困難な状態には、大きく心理的な要因と身体的な要因に分けられ、それらが複合していると考えられる。またその背景には、社会的要因も関連している。

　文部科学省（2018）は生徒指導上の諸問題において、不登校の要因として、「不安などの情緒的混乱」、「無気力」等の本人に係る要因と、「友人関係」、「教職員との関係」、「学業不振」等の学校に係る要因、「家庭の生活環境の急激な変化」、「親子関係をめぐる問題」、「家庭内の不和」等の家庭に係る要因を挙げて調査を行っている。文部科学省が行った調査の項目には含まれていないが、社会的要因も考慮しておく必要がある。

　社会的要因とは、家族を取り巻く養育環境の変化や、貧困などを背景とした子育ての困難などを原因としたものである。たとえば、そのような環境から、子どもたちの社会性の発達が進まない中、友人関係がうまく築けず、集団の中で自分の気持ちを抑えることが難しい子どもたちの問題もある。また、登校規範意識の薄まりから、学校に行くことが絶対視されなくなっている。教育委員会が主として不登校の小中学生の学校復帰のために設置する適応指導教室やフリースクールなどの選択肢も広がった。また不登校の背景に家庭の貧困による影響や、保護者の虐待が原因の場合も考えられる。

　不登校の発生要因は、直接的なきっかけが多岐にわたる。しかも、単一の

110 第Ⅲ部 子どもの諸問題とその対応（教育相談の実際）

要因で始まるのではなく、複数の要因が絡んでいることが多い。本人、学校、家庭などの多くの要因が重なって起こると捉えるべきである。家庭や学校などの様々な要因と本人の持つ要因が積み重なって不登校として表れるのである。また、不登校状態が長期化してくると、その要因が変わっていくことも多く見られる。それだけではなく、不登校によって学習が遅れたり、規則正しく起きて学校に行くなどの生活リズムが乱れ、生活の昼夜逆転が起きたりするなど、不登校状態の解消を困難にしてしまう要因が加わることもよく見られる。

つまり、不登校の原因や要因は、一人ひとり異なる。そこで、不登校の要因・背景の多様化・複雑化の中で、個々の不登校の背景を教師やスクールカウンセラー（SC）が適切に把握し、きめ細かく支援していく必要がある。

2 不登校児童生徒の実態と背景

不登校の現状

「児童生徒の問題行動・不登校等生徒指導上の諸問題に関する調査」（文部科学省 2018）によると、小中学校の不登校児童生徒数は 6 年振りに 2013 年度から増加に転じ、不登校児童生徒数が高水準に推移している。具体的には、国・公・私立の小中学校での 2016 年度の不登校児童生徒数は、小学生と中学生を合わせて 13 万人を超えており、これは全児童生徒数の約 1.35 ％である。

学年別に見ると、図 9-2 に示したように学年の上昇とともに増加し、特に小学校 6 年生から中学校 1 年生にかけてほぼ 2.5 倍以上に増加している。小学校から中学校への環境の変化による不安定さの表れを中 1 ギャップと呼ぶこともある。このため、小学校から不登校が続いている子どもに加え、中学進学という環境の変化によって、新たに不登校となる子どもが多く見られる。不登校は、中 1 ギャップによるストレスもその原因の一つであろう。

高等学校については、高等学校 1 年生で、中学校 3 年生よりも大幅に不登校は減少しているかのように見えるが、高等学校の場合、中途退学を考慮しなくてはならない。すなわち、中途退学生徒は 1989 年の約 12 万 3000 人を

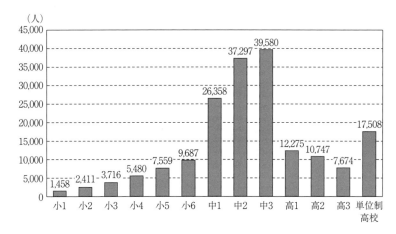

図9-2　2016年度の小中高等学校の学年別不登校児童生徒数
（文部科学省 2018をもとに筆者作成）

ピークに年々減少しているものの、2016年には約4万7600人が退学しており、高等学校在籍者の約1.4％である。この中途退学者は学校に行かなくなっているという点から見るならば不登校の一形態と見なすことができる。

不登校児童生徒増加の背景

　不登校増加の背景として、少子化、核家族化、産業構造の変化に伴う家族形態の変化、地域の共同体の崩壊などによって、人との関わりの質や量に変化が起こったことが論じられている。家庭内においては、核家族化により、祖父母、両親、子どもが同居する三世代家族は少なくなるとともに、少子化の影響できょうだいの数が減って、大家族での豊かな関わりはなくなりつつある。

　社会では、産業構造の変化により、第1次産業に従事する人口比率が低下し、第3次産業に従事する人口比率が高くなり、構成割合が逆転した。それに伴って、農林水産業に従事し、家や近所が仕事場であるという形態から、会社勤め、共働きの家庭が増加し、家族がそろう時間の減少傾向が指摘されるようになってきた。また、地域では、少子化に伴って子どもたちの数が減少するとともに、地域の共同体の衰退により、地域の活動や行事など、子どもたちが地域の大人たちや異年齢の子どもたちと触れ合う機会も失われてき

112 第Ⅲ部　子どもの諸問題とその対応（教育相談の実際）

ている。このような変化の中で、家庭や地域の教育力の低下が指摘されるようになった。

3　不登校児童生徒への対応と支援の考え方

不登校への基本的考え方

　我が国の義務教育段階の学校は、教育基本法第 5 条に規定されたように、「各個人の有する能力を伸ばしつつ社会において自立的に生きる基礎を培い、また、国家及び社会の形成者として必要とされる資質を養うこと」を目的としている。この学校教育の目標のもと、不登校に関する調査研究協力者会議 (2016) は、不登校児童生徒への支援の最終的な目標は児童生徒の社会的な自立であり、そのためには、「社会への橋渡し」を図ることと、「学習支援」の視点の重要さを指摘している。さらに、このような教育の目標を実現するためには、学校・教育関係者に、「全ての児童生徒が、学校に自己を発揮できる場があると感じ、自分と異なる多様な特性を受容し合えるような集団づくりを通して、楽しく、安心して通うことができるよう、学校教育の一層の充実のための取組を展開していくこと」(p. 10) を求めている。

　このような不登校児童生徒への支援のためには、個々の児童生徒に応じて、組織的・計画的に、細やかな支援策の策定が必要である。不登校児童生徒への支援の視点として、「学校に登校するという結果のみを目標とするのではなく、児童生徒が自らの進路を主体的に捉えて、社会的に自立すること」(不登校に関する調査研究協力者会議 2016) を目標にすることが大切である。不登校児童生徒に対して、不登校期間の学業の遅れ、進路選択を困難にさせてしまうこと、社会性の獲得失敗などのマイナス面のみがしばしば指摘される。ところが、5 年前に不登校生徒であったときを振り返ってみた気持ちの調査 (文部科学省 2014) によれば、不登校となったことを否定的に捉えている者がいる一方で、肯定的に捉えている者もいる (表9-1)。つまり、不登校であった期間が、児童生徒によっては、よい休養期間になったり、自分自身を振り返って人生を考えるよい期間になったりなどの、積極的な意味を見出してい

第9章　不登校への対応と予防　**113**

表9-1　不登校経験への自己評価

カテゴリー		人数	%
肯定	行かないことに意味があった	114	32.6
否定	後悔している、行けばよかった	138	39.4
中立	両面ある	31	8.9
	仕方がない	50	14.3
	考えないようにしている	17	4.9

（文部科学省 2014）

るのである。教師は、不登校児童生徒の個々の事情や感情は多様であること
を理解し、彼らの個々人の気持ちを受け止め、ステレオタイプな見方に陥る
ことなく、個々の事情、気持ちに寄り添い支援していくことが大切である。

　このように、児童生徒の不登校のきっかけや不登校の継続理由は、個々人
でかなり異なるので、一律に支援策を立てることは適切ではなく、それぞれ
の児童生徒に合わせた支援策を立てる必要がある。また、その支援は学級担
任が一人で行うものではない。状況に応じて学級担任、養護教諭、SC、SSW
（スクールソーシャルワーカー）等の学校関係者が中心となり、児童生徒や保護
者等と話し合いながら支援策を検討し、実行していかなくてはならない。そ
のためには、図9-3に示したような「児童生徒理解・教育支援シート」を作
成することも有効である。

不登校の理由のアセスメントと支援計画

　不登校児童生徒が主体的に社会的自立や学校復帰に向かうよう、児童生徒
自身を見守りつつ、不登校のきっかけや継続理由に応じて、その環境作りの
ために適切な支援や働きかけを行う必要がある。そのためには、不登校児童
生徒への適切なアセスメントが不可欠である。アセスメントとは、ある問題
について、その基盤となる情報を収集し分析して、意味づけを統合し、意思
決定のための資料を提供していくプロセス（石隈 1999）である。不登校の本
人の要因や背景、家族との関係から、個々に抱える課題を明らかにしなけれ
ばならない。不登校児童生徒への支援を検討する際には、学級担任の視点の
みならず、SC や SSW 等によるアセスメントが有効である。図9-3には、不

114　第Ⅲ部　子どもの諸問題とその対応（教育相談の実際）

担任名　_____
作成日　平成○年○月○日
作成者　　　　　　　　　追記者　○／○（記入者名）、○／○（記入者名）、…
管理職名

名前		性別	学校名	学年	学級

○支援チーム（校内・校外）

○月別欠席状況等　　　※追記日→

月	4	5	6	7	8	9	10	11	12	1	2	3	計
出席しなければならない日数													
出席日数													
別室登校													
遅刻													
早退													
累積欠席日数													
欠席日数（出席扱いを含む）													
指導要録上の出席扱い													
①教育支援センター													
②教育委員会所管の機関（①除く。）													
③児童相談所・福祉事務所													
④保健所、精神保健福祉センター													
⑤病院、診療所													
⑥民間団体、民間施設													
⑦その他の機関等													
⑧IT等の活用													

○不登校（継続）の理由

○本人の状況・意向

1学期	2学期	3学期

○保護者の状況・意向

1学期	2学期	3学期

○具体的な支援方針

	目標	具体的な支援内容		経過・評価
		学校	関係機関	
1学期	○月○日			
2学期	○月○日			
3学期	○月○日			

○次年度への引継事項（支援・指導の参考となるエピソード等も含め、多様な視点で記入）

図 9-3　児童生徒理解・教育支援シート（学年別シート）の例
（不登校に関する調査研究協力者会議 2016）

登校に関する調査研究協力者会議（2016）が示したアセスメントシートの一例を示してある。

適切なアセスメントのためには、不登校児童生徒本人自身が気付いていないようなところに問題の所在があることもあるので、本人や家族からの聞き取りだけでは不十分である。

SC や SSW の協力を得た多面的な考察が必要である。その際、SC や SSW は不登校児童生徒の普段の行動観察、発達検査や心理検査、当該児童生徒の生育歴や家庭環境などの聞き取り、学校生活に関する担任教師からの情報、他の児童生徒からの情報、児童生徒本人の絵や、作文・日記などの制作物の分析、学力など多くの資料を収集、精査する。

不登校児童生徒への教師の対応

児童生徒へ対応する場合には、教師が児童生徒の心の痛みを理解することが重要である。不登校の児童生徒たちは、学校生活や社会生活の中で、心の痛みや苦しみを感じている。それらの悩みは、教師にとって発見しにくいものであるが、何気ない話の中にも感情は表れている。児童生徒の気持ちを聴くことで、行動を共感的に理解できるであろう。

日頃から目の前にいる児童生徒の心の痛みに、教師も共感し、真剣に受け止め、解決に向けて、温かく支援し続けていこうとする姿勢が大切である。困ったり悩んだりしている児童生徒を発見したときは、その思いに寄り添った声かけをして、教師は聞き役に徹し、話すことへの不安や抵抗感のない話題を取り上げ、安心して話せるような温かい雰囲気を作ることが大切である。児童生徒が不安を持ち、無口になったら、無理に話させず、じっくりと待つ姿勢も大切である。

不登校の児童生徒への援助を始めるときには、まず、児童生徒のありのままの姿を受け入れ、その態様をよく理解することが大切である。それまでの学校生活の記録や、保護者から聞いた家庭での様子、あるいは、専門家のアドバイスなど、様々な情報を得ることが必要である。多くの不登校児童生徒は「そっとしておいて欲しい」という気持ちと「放っておかれると淋しい」という裏腹な気持ちを抱いている。児童生徒を追いつめないように気をつけ

ながら、その児童生徒のことを先生が気にかけていることを伝え続けることが重要である。

　教師が不登校の児童生徒に直接的に関わっていく方法としては、カウンセリングマインドを活かした接し方を基本とした、手紙や電話、家庭訪問などがある。家庭訪問を行う際は、児童生徒の気持ちが比較的、落ち着いている授業後を選び、家庭訪問の目的をはっきりさせておくと児童生徒に安心感を与えられる。なお、カウンセリングマインドを活かした教師の指導については、第1章、第4章に詳しいので、そちらを参照して欲しい。

　どのような関わり方でも、保護者との信頼関係に基づいた指導であることが大切であり、児童生徒の態様をよく見て慎重に対応する必要がある。

不登校児童生徒の保護者への教師の対応

　不登校になった子どもの保護者は、子どもが学校になかなか行かないという引け目や罪悪感で不安な状態になっている。さらに、原因が学校や教師にあるのではないかと考え、学級担任や学校の対応に不満を持つこともある。不登校児童生徒の複雑な気持ちを理解しづらいと感じている保護者の気持ちを親身に受け止め、保護者とともに歩む気持ちで支えていくことが大切である。

　保護者の気持ちを受け止めるためには、まず保護者の話を聴くことが必要になる。保護者の話をゆっくりと聴き、不安な気持ちに共感し、保護者の心労や行動を理解していることを伝えるような言葉をかけることが児童生徒と保護者を勇気づける。

　また不登校の児童生徒を持つ保護者は、自分の子育てに対して自責の念に捉われたり、悔んだりして、自信を失っている。そのため、教師の言い方や対応によって、防衛的になったり、批判的になったりして教師への信頼感を持てなくなってしまうこともある。「なぜ登校させられないのか？」、「家では何をしているのか？」、「養育態度に問題が……」、「家庭に問題があるのでは……」等の言葉で不信感を示してくる。保護者の気持ちを親身に受け止める姿勢が大切である。そのうえで、不登校となった児童生徒の生活や学習の状況を把握し、本人やその保護者が必要としている学校や進路に関する情報

等の支援も大切である。

家庭訪問の最初から、家庭でのすごし方や児童生徒への接し方等のアドバイスをしてしまうと、保護者の負担になり、不安を与える結果になる。アドバイスは保護者や児童生徒との信頼関係が十分にできてから行うことが大切である。

家庭への支援

文部科学省（2016）によれば、不登校児童生徒の保護者の個々の状況に応じて、福祉や医療機関等と連携した働きかけが重要であり、そのためには家庭状況の把握が肝要である。そのためには、学校は、家庭と学校を含めた関係機関等との連携体制を整え、保護者と課題意識を共有して一緒に取り組むという信頼関係を築くことが重要である。さらに、必要に応じて、家庭訪問による保護者への支援を行ったり、保護者が気軽に相談できる体制を整えたりすることが重要である。

不登校への早期対応

不登校状態が長く続くようになる前に、急に遅刻や早退が増えた、休みがちになるなどの不登校の兆候が見られたときに、早期に適切な対応をすることが大切である。不登校は長引けば長引くほど解決が困難になるので、早期に対応することが肝要である。

担任教師は、早期対応として、電話などによって保護者と連絡を取り、遅刻や早退の理由が明らかな病気や怪我であるかどうかを確認する必要がある。児童生徒との触れ合いの機会を増やし、話をよく聞くようにし、さらに保護者や他の教職員からの情報を収集するなど、児童生徒の状況を正しく把握することが必要である。このような情報収集の結果、不登校の予兆を感じたら、学級担任は一人で抱え込まず、教職員で情報を共有し、考え、対応することも大切である。学校だけでは対応できないと考えられる場合には、関係機関等による専門的な観点からの協力を得ることなどが必要である。

身体症状に対しては、心理的な要因が絡んでいると思われても、身体症状があるものとして対応することである。また、成績不振が認められる場合には、子どもに応じた学習支援も必要になる。

専門機関との連携と教師の対応

　児童生徒の才能や能力に応じて、それぞれの可能性を伸ばせるよう、本人の希望を尊重したうえで、教育センターや教育支援センター、児童相談所などの公的機関や、民間施設やNPO等とも積極的に連携し、相互に協力・補完しつつ対応に当たることが重要である。教師が学外の専門機関を保護者に紹介する場合は、SCやSSW等の連携を視野に入れ、様々な専門機関の内容を事前に理解しておくことが大切である。紹介した後も、指導のすべてをSC、SSW、専門機関などに任せ切りにしてしまい、保護者や児童生徒が学校に見放されたとか、責任逃れをしているなどと誤解されないように、教師は専門機関などと連携を取りながら対応することが大切である。

　不登校児童生徒に身体症状が出て、不安定になり、暴力行為が見られる等の相談を保護者から受けた場合に医療機関を勧めることが多い。事前に保護者や本人とよく話し合い、合意を得ておくことが大切である。教師が本人と会えない場合は、保護者が本人の同意を得る必要がある。ほかに専門機関を紹介することが望まれるケースとしては、①本人の学校に対する恐怖心や学級での友人関係の構築がうまくできない場合、②児童生徒と保護者が学級担任による指導を強く否定し、経過に進展が見られない場合、③不登校が長期にわたっているため家族と学校との相互関係が希薄になっている場合等が挙げられる。これらについては、通所できる専門機関である適応指導教室や教育支援センターを紹介することが多い。その際に、保護者に対して、それらの機関は、子どもが学級に復帰できるようにすることを目的とした機関であり、学校はこれらの専門機関と連携して対応していくことを話しておくことが大切である。ただし、保護者からの要望がない場合は、無理に専門機関を勧めることはせず、紹介だけで終わらせ、保護者との信頼関係を損なわないようにする。

　文部科学省(2016)は、不登校児童生徒に対し、不登校児童生徒一人ひとりの状況に応じて、教育支援センター、フリースクールなどの民間施設等多様な教育環境を提供できるよう、多様な教育機会を確保することが重要であるとし、また教育支援センターも従来の不登校児童生徒の通所希望者だけでな

第 9 章　不登校への対応と予防　**119**

く、訪問支援や地域の人材を活かした訪問型支援にも力を入れていく方針を明らかにしている。

4　不登校の予防に向けた教師の対応

　不登校への取り組みとして最も大切なことは、予防することである。予防のための取り組みには、すべての子どもに対して行う「未然防止」と、リスクを抱え苦戦し始めた子どもに対する「初期対応」がある。

未然防止

　未然防止は、教師との信頼関係を土台として、日々の授業や学校生活において、学習面や社会性を伸ばす日常の取り組みのことである。

　未然防止においては、「居場所づくり」と「絆づくり」を行うことが大切である（国立教育政策研究所 2015）。居場所づくりとは、児童生徒が安心でき、自己存在感や充実感を得られる場所を教師が作っていくことである。それによって、どの児童生徒にとっても、学級や学校が落ち着ける居場所となる。絆づくりは、児童生徒が主体的に取り組み、共同的な活動を通して、児童生徒が絆を感じ、つないでいくことである。教師は授業や行事等諸活動において、活躍できる場所を作ることによって、児童生徒の「絆づくり」の場を提供することが大切である。たとえば、毎日の「朝の会」や「帰りの会」の活動を通して、児童生徒の自発的な行動を引き出すような配慮をしたい。

　不登校の未然防止を進めるために、国立教育政策研究所（2014）は「教育的予防」と「治療的予防」を目的に応じて使い分ける必要があるとしている。

　教育的予防とは、当面の問題だけでなく、将来の問題にも対応できるよう、すべての児童生徒が問題を回避・解決できる大人へと育つことを目標に行われる予防で、健全育成型の発想によるものである。学校の授業や行事等の諸活動の中で、人と関わる際の態度を改めたり、望ましい関わり方に気付いたり、集団の一員としての役割を果たそうとしたりするよう促す働きかけが、不登校の教育的予防である。

　治療的予防とは、問題に対する専門的な考え方を踏まえ、早期発見、早期

120　第Ⅲ部　子どもの諸問題とその対応（教育相談の実際）

対応を徹底したり、さらに一歩進めて発生を予測したりするなど、不登校に
なる心配のある児童生徒を念頭に行われる予防で、問題対応型の発想による
ものである。前年度の出欠席の状況から不登校に陥りそうな児童生徒を予測
する、休みがちな児童生徒にきめ細かく教育相談を行うなどの働きかけは、
不登校という問題に応じてなされる治療的予防である。

　すべての児童生徒への「居場所づくり」と「絆づくり」を進め、起こりそ
うな問題に対しては、早期に発見し、早期に対応することは、未然防止の一
つである。対応するときに「健全育成型の発想による未然防止」と「問題対
応型の発想による未然防止」の違いを理解したうえで、両面を活かして取り
組むことが大切である。

初期対応

　不登校になりそうな児童生徒を見極めておき、休み始めたら、迅速にチー
ムで対応を開始する必要がある。そのために、年度の終わりに過去複数年の
欠席（遅刻・早退・別室登校等を含む）状況を把握し、次年度へ引き継ぐことが
初期対応を行うために必要である。これまであまり欠席してこなかった児童
生徒の欠席が続くようになったら、要因や背景を的確に把握し、適切な支援
策を早期に講じる必要がある。不登校は長期化すればするほど、解決が困難
になる傾向がある。不登校の兆候を感じたら、長期欠席になる前に、速やか
に個別の教育相談や電話での連絡、家庭訪問等を行いながら、きめ細やかに
対応することである。

〈事例１〉　登校を嫌がる児童の保護者からの相談

　男子児童Ａ男（小学２年生）は保育園の頃から休みがちで登園できなかった。
母親はＡ男を気遣い、少しでも不安がある様子を見ると、欠席させていた。小
学校へ入学して数週間は登校することができたが、その後、熱で体調を崩して
１週間欠席した。しかし体調がよくなって、母親が学校へ行かせようとすると、
泣き叫んで暴れて登校することができなかった。母親はＡ男に対してどのよう
に接したらいいかを悩んでいる。

　課題１　家庭でのＡ男に対して、母親はどのように接すればいいかを考えよ。

第9章　不登校への対応と予防　**121**

課題2　母親はA男をなだめながら通学班に付き添って登校した。そんなA
　　　　男に対して、担任としてどんな言葉をかけるか。

〈事例2〉　場面緘黙傾向のある児童への対応

　女子生徒B子（中学1年生）は保育園の頃から場面緘黙傾向が認められた。小
学校入学時に緊張が強く、人前で話せなくなり、登校を渋った。欠席や遅刻を
繰り返し、教室に入れないときは保健室登校をしていた。家庭では、普通に会
話をしている。家に遊びに来てくれる友人もいる。中学入学後、朝制服を着て
学校を出る10分前になると、登校することに抵抗して登校できない日々を
送っていた。

課題1　担任であるあなたは、母親から家庭訪問の依頼を受けた。B子に対
　　　　してどんな話をするか。

課題2　B子が母親と一緒に登校してきた。どんな声かけをするか。

〈事例3〉　不登校の兆候を示す児童の保護者への対応

　担任の教師Cが女子生徒D子（中学校1年生）の自宅を初めて家庭訪問した
ときの一部である。

　D子が4日連続で休んだので、教師Cは家庭訪問をしようと考え、電話で様
子を窺い、訪問の打診をした。母親も先生に来て欲しそうだったので、放課後
D子宅を訪問した。電話では、D子は自分の部屋にいるとのことであった。

教師C：「4日連続してD子さんがお休みされたので、気になってお伺いしまし
　　　　た」

母親：「ええ。D子が体調が優れないというものですから」

教師C：「そうですか。体調が優れないといっているんですね」

母親：「はい、欠席の連絡をしたときにも申し上げたのですが、頭痛がして、熱
　　　　があって起きられないというんです」

教師C：「頭痛と発熱で起きられなくて、つらいのですね」

母親：「本人はそう訴えていますが、よくわからないんです。今まで欠席はほと
　　　　んどなかったんですよ。D子はちょっと甘えん坊のところがありますから」

教師C：「そうですね。ほとんど欠席してませんよね」

母親：「それに、朝に熱を測ったところ、37度ちょっとありましたが、午後に
　　　　なると、起きて本を読んだりテレビを見たりしていますから。そして、
　　　　食べることもちゃんとしていて食欲もあります。昨日も今日も午後には
　　　　熱も下がってたんですけど、あまりしゃべりません」

教師Ｃ：「午後からは熱も下がっているのに、あまりしゃべらないんですね。しゃべらないことをお母さんは気にしていらっしゃるんですね」

母親：「そうですね。普段はにぎやかなのに。自分でも休んでいることに罪の意識でもあるんでしょうか。よくわからないんです……はい」

教師Ｃ：「Ｄ子さん自身も、欠席していることを気にしている感じなんですね。だから、おしゃべりが減っているのでしょうね」

母親：「……そうだと思います」

（この後、Ｄ子の在宅を確認したが、母親の話では話したがらない様子だったので、心配している気持ちを母親に述べ、日頃の担任への協力についてのお礼をいい、Ｄ子宅を出た）

課題1 この担任教師Ｃの母親への対応について、よい点、問題点など指摘せよ。

課題2 この日、結局、教師Ｃは母親とだけ話し、Ｄ子に会ったり、話したりしていないが、この点についてどう思うか。

引用・参考文献

石隈利紀　1999『学校心理学―教師・スクールカウンセラー・保護者のチームによる心理教育的援助サービス』誠信書房

学校不適応対策調査研究協力者会議報告　1992『登校拒否（不登校）問題について』

国立教育政策研究所　2014『生徒指導リーフ5　教育的予防と治療的予防』

国立教育政策研究所　2015『生徒指導リーフ2　「絆づくり」と「居場所づくり」（第2版）』

不登校に関する調査研究協力者会議　2003『不登校への対応について』

不登校に関する調査研究協力者会議　2016『不登校児童生徒への支援に関する最終報告――一人一人の多様な課題に対応した切れ目のない組織的な支援の推進』

法務省　1989『不登校児人権実態調査報告書―昭和63年11月-12月調査』

文部科学省　2014『「不登校に関する実態調査」―平成18年度不登校生徒に関する追跡調査報告書（概要版）』

文部科学省　2015『不登校児童生徒への支援に関する中間報告』

文部科学省　2016『不登校児童生徒への支援の在り方について（通知）（文科初第770号）』

文部科学省　2018『平成28年度「児童生徒の問題行動・不登校等生徒指導上の諸問題に関する調査」（確定値）』

文部省　1983『生徒指導資料第18集　生徒の健全育成をめぐる諸問題―登校拒否問題を中心に』

文部省　1992『登校拒否（不登校）問題について―児童生徒の「心の居場所」づくりを目指して』文部省初等中等局

いじめへの対応と予防

第10章

1 いじめ問題の理解

いじめ問題の考え方

　今日の教育問題における最重要課題の一つに「いじめ」を挙げることができる。いじめは児童生徒の心身の健全な発達に重大な影響を及ぼし、不登校や自殺、殺人などを引き起こす背景ともなる深刻な問題である（文部科学省2010）。そこで、「いじめ防止対策推進法」が、2013年に公布・施行され、いじめは法的に児童等（学校に在籍する児童または生徒）に対して、「当該児童等が在籍する学校に在籍している等当該児童等と一定の人的関係にある他の児童等が行う心理的又は物理的な影響を与える行為（インターネットを通じて行われるものも含む。）であって、当該行為の対象となった児童等が心身の苦痛を感じているもの」と定義された。

　いじめ防止対策推進法第1条、第4条に示されるように、いじめは重大な人権侵害であり、法的に禁止された行為である。しかし、いじめはどの学校、どの子どもにも起こりうる。そこで、「いじめ防止対策推進法」は、国、地方公共団体、学校、保護者、地域住民等は、連携していじめ防止対策に取り組む責務があるとしている。特に学校には、未然防止、早期発見・早期対応、再発防止に努める義務が課せられている。それは、生徒指導だけでなく、学校経営（学校間の連携も含む）、学年・学級経営、教科指導、部活動指導など、学校の教育活動全体を通して行われることを認識しなければならない。

　従来のいじめ対策は、教育委員会や学校が中心となって進められてきた。さらに、これからの教師には国を挙げて児童生徒をいじめから守る、いじめ

をさせないという「いじめ撲滅」の強い覚悟が求められるのである。

いじめについての認識

　いじめ問題に対して、教師は共通の基本認識を持っていなければならない。その第1は、いじめは人間として絶対に許されないとの強い認識を持つことである。ところが、「いじめられる側にも悪いところ、問題がある」、「いじめられたくなければ、強くなるべき」などという人がいるが、それは不適切な考え方である。いじめられる側には何の原因も責任もないとの認識が大切である。いじめをはやし立てたり、傍観したりする行為もいじめる行為と同様に許さないという毅然とした態度で臨まなければならない。

　教師が共通に持つべき基本認識の第2は、自分はいじめられていると感じたら、それはすでにいじめであると認識することである。いじめる児童生徒も教師にとってはかけがえのない生徒である。いじめられている児童生徒の立場に立って、親身に指導、支援を行わなければならない。

　いじめは児童生徒の中に人権を侵害される者と侵害する者を同時に生み出す。ときには、障害者や外国人への差別を伴う。そして、他者の困難を見て見ぬ振りをする非道徳的な状態を生み出す。さらには、いじめられていた者がいじめる側に回ることもある。

　教師が共通に持つべき基本認識の第3は、いつでも、どんな学級でも起きる可能性があると認識することである。もちろん、いじめを防止するための教師の予防的な働きかけは大切である。いじめの未然防止のためには、いじめが起こらないような人間関係の構築が求められる。しかし、同時に、いじめが発生したときに備えることも大切である。いじめは見ようとしなければ見えてこないものである。いじめを発見したら、それを認識し、教員間で情報を共有し、共通認識を持ち、早期に対応することが大切である。学級でいじめが発生したことを認めることは、教師にとってつらいことである。しかし、いじめに対して早期に適切な対策を取らないと、深刻な事態を招いてしまうこともある。いじめを予防すること以上に、いじめを正面から見据え、適切な対処ができるかどうかに、教師の力量が問われていると認識すべきである。

第 10 章　いじめへの対応と予防　**125**

いじめの定義

　いじめの問題は、児童生徒の教育を受ける権利、心身の健全な成長、人格の形成に重大な影響を及ぼす問題として、文部科学省は、「児童生徒の問題行動・不登校等生徒指導上の諸課題に関する調査」において、1986 年からいじめの調査、統計を取っている。その定義は、いじめ問題が社会問題化するたびに変更されてきた。表 10-1 にいじめの定義の変遷を示したが、1986 年の当初の定義では、「学校としてその事実（関係児童生徒、いじめの内容）を確認しているもの」とされていた。しかし、学校が認定しなければ、いじめに計上されないのかとの批判から、1994 年には「表面的・形式的に行うことなく、児童生徒がいじめられたと感じていれば、それはいじめである」とされた。

　さらに、2006 年には「強い者から弱い者へ」が「一定の人間関係のある者

表 10-1　文部科学省のいじめ定義の変遷

	1986 年〜	1994 年〜	2006 年〜	2013 年〜
人間関係				
自分より弱い者に対して一方的	○	○		
一定の人間関係のある者から			○	○
内容・継続性				
身体的・心理的な攻撃を継続的に加え	○	○		
心理的、物理的な攻撃（インターネットを通じて行われるものを含む）			○	
心理的、物理的な影響（インターネットを通じて行われるものを含む）				○
被害者の感情				
深刻な苦痛を感じているもの	○	○		
精神的な苦痛を感じているもの			○	○
学校の認識・判断				
学校としてその事実を確認しているもの	○			
個々の行為がいじめに当たるか否かの判断を表面的・形式的に行うことなく、いじめられた児童生徒の立場に立って行う		○	○	○
発生場所				
起こった場所は学校の内外を問わない	○	○	○	○

から」へと変更された。金銭の授受を伴ういじめやインターネットを介したものも含まれることになった。いじめ被害者の感情については、「深刻な苦痛を感じている」が「精神的な苦痛を感じているもの」となり、より多くのケースが該当することになった。

さらに、2013年の「いじめ防止対策推進法」の施行に伴い、2006年定義の「心理的、物理的な攻撃」は、「心理的、物理的な影響」に改められた。さらに、「いじめの中には、犯罪行為として取り扱われるべきと認められ、早期に警察に相談することが重要なものや、児童生徒の生命、身体又は財産に重大な被害が生じるような、直ちに警察に通報することが必要なものが含まれる。これらについては、教育的な配慮や被害者の意向への配慮のうえで、早期に警察に相談・通報の上、警察と連携した対応を取ることが必要である」との注釈がつけ加えられた。

いじめの現状

図10-1には、文部科学省がいじめの統計を取り始めた1985年からのいじ

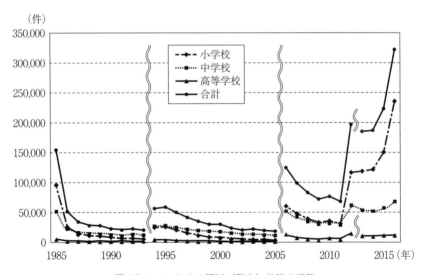

図10-1　いじめの認知（発生）件数の推移

注：図中の波線はいじめの定義の変更のあった年。

（文部科学省〔2018〕より著者作成）

めの認知（発生）件数の推移を示した。2012年度から報告件数が著しく増加
しており、2016年度には全校種合わせて32万件を超えている。しかし、い
じめが大きく増加していると結論づけるのは早計である。いじめ防止対策推
進法が制定され、教師や学校の意識が変化し、積極的にいじめアンケートを
行うようになったことなどがその要因であろう。特にいじめアンケートにつ
いては、2007年度に実施した学校は約65％であったが、2016年度には約
98％に増加しており、いじめの発見、報告の増大に貢献していると考えられ
る。

いじめを受けている児童生徒の心理

　文部科学省の2015年度「児童生徒の問題行動・不登校等生徒指導上の諸課
題に関する調査」によると、いじめ発見のきっかけは、本人からの訴えが
17％で、教職員の発見66％と比べると少ない。自ら訴えない理由として、仕
返しへの恐れ、自己否定（弱いから仕方ない）、自尊感情（弱くない）、羞恥心（恥
ずかしくていえない）、孤独への恐れ、自立心（自分で解決しなければ）、現実逃避
（これはいじめではない）、不信感（教師や保護者は頼りにならない）、無力感（無理だ
ろう）、期待感（長くは続かないだろう）が考えられる。

　いじめは、心理面、行動面、身体面に様々なストレス反応を引き起こす。
心理面では、不安、イライラ、恐怖、落ち込み、怒り、罪悪感、感情鈍麻、孤
独感、疎外感、無気力、思考力や判断力の低下、集中困難をもたらす。行動
面では、攻撃的行動、過激な行動、泣く、引きこもり、孤立、拒食・過食、幼
児返り、チック、吃音などが起きる。身体面では、動悸、発熱、頭痛、腹痛、
疲労感、食欲の減退、嘔吐、下痢、めまい、睡眠障害、悪寒などの症状が全
身にわたって表れる。

　さらにストレス状態が続くと、普通に生活ができない適応的障害、うつ病
や神経症などの精神的障害、燃え尽き症候群、恐怖感や無力感が持続する心
的外傷後ストレス障害を発症するリスクが高まる。

いじめている児童生徒の心理

　いじめ衝動が発生する原因について、『生徒指導提要』（文部科学省 2010：
185）では、①心理的ストレスの解消（過度のストレスを集団内の弱い者への攻撃に

よって解消しようとする)、②集団内の異質な者への嫌悪感情 (凝集性が過度に高まった学級集団などにおいて、基準から外れた者に対して嫌悪感や排除意識が向けられる)、③ねたみや嫉妬感情、④遊び感覚やふざけ意識、⑤被害者となることへの回避感情などが挙げられている。いじめる側も学校、教師にとっては児童生徒の一人である。彼らの状況をよく理解し、同じ過ちを繰り返さないよう教育する責任がある。いじめる側も、実は上級生や校外の児童生徒にいじめられていたり、家庭環境に困難な問題があったりすることに留意する必要がある。

いじめの観衆と傍観者

　文部科学省は 2013 年の文部科学大臣決定の「いじめの防止等のための基本的な方針」で、いじめはいじめる側といじめられる側だけの問題ではなく、周囲の児童生徒にとっての問題でもあると指摘している。周囲の児童生徒は、「観衆」、「傍観者」、「仲裁者」に分けられる (森田 2010)。「観衆」はいじめを見て、はやし立てたり面白がったりする同調者で、積極的に支持する役割を果たしている。

　「傍観者」は、いじめを見て見ぬ振りをして、制止したり、教師に報告したりすることはない。傍観者の存在は、いじめる側に正当化の理由を与え、結果的にいじめを助長してしまうことになる。いじめ行為を制止する「仲裁者」が減り、集団の圧力やいじめられることを回避する傍観者層の広がりが懸念される。周囲の児童生徒にとれば、自分はいじめていないと思っているかもしれない。しかし、面白がったり、見て見ぬ振りをしたりすることはいじめを助長しており、いじめているのと同じであることを児童生徒に理解させなければならない。周囲が攻撃、侮辱を許さないという態度を示せば、いじめは抑制できるのである。

2　いじめの発見

いじめのサイン

　いじめを早期に発見、対応するために、いじめを受けている側、いじめている側の様子から、いじめのサインを見逃さないようにすることが大切であ

第 10 章　いじめへの対応と予防　**129**

表 10-2　いじめられている子の家庭でのサイン

朝（登校前）	
・朝起きてこない、布団からなかなか出てこない	・遅刻や早退が増えた
・朝になると体の具合が悪いといい、学校を休みたがる	・食欲がなくなったり、黙って食べるようになったりした
夕（下校後）	
・携帯やメールの着信音におびえる	・遊びの中で、笑われたり、からかわれたり、命令されたりしている
・勉強しなくなる、集中力がない	・親しい友達が遊びに来ない、遊びに行かない
・家からお金を持ち出したり、必要以上のお金を欲しがったりする	
夜（就寝前）	
・表情が暗く、家族との会話も少なくなった	・自分の部屋に閉じこもる時間が増えた
・ささいなことでイライラしたり、物に当たったりする	・パソコンやスマホをいつも気にしている
・学校や友達の話題が減った	・理由をはっきりいわないアザや傷あとがある
夜間（就寝後）	
・寝つきが悪かったり、夜眠れなかったりする日が続く	・教科書やノートに落書きをされたり、破られたりしている
・学校で使う物や持ち物がなくなったり、壊れていたりする	・服が汚れていたり、破れていたりする

（文部科学省 2014）

る。そのための方法は、観察と情報収集に分けられる。観察では、児童生徒の表情、言動、外見（特に服装）の変化、クラスや部活動の雰囲気などに注目する。学校は実情に応じて、いじめを早期に発見するためのチェックリストを作成し、アンケートを活用し、定期的な点検を行うとともに、その結果をいじめ防止の取り組みに反映させる。

　いじめのサインは、学校の中だけで見られるのではない。文部科学省(2014) はいじめられている児童生徒の家庭での様子について、保護者向けのチェックリスト（表10-2）を発表し、いじめを早期に発見するよう呼びかけている。家庭でこのような行動が見られても、保護者だけでは非行、怠惰、

130 第Ⅲ部　子どもの諸問題とその対応（教育相談の実際）

表 10-3　いじめている子の学校内外でのサインの例

学校内	
・特定の子どもにのみ強い仲間意識を持つ	・グループで行動し、他の子どもに指示を出す場面が多い
・教室、廊下、階段で仲間同士集まりひそひそ話をしている	・教師が近付くとグループの生徒が不自然に黙り込んだり分散したりする
・友達の発言に対して他の友達と顔を見合わせ、笑ったり、さげすんだりする	・特定の子を無視したり、仲間はずれにしたりしている言動が見られる
・金品や物の貸し借りを頻繁に行っている	・あからさまに教職員の機嫌を取る

家庭内	
・買い与えていない物品を持っている	・心当たりのないお金を持っている
・年下や自分より弱い立場の子に対して高圧的である	・他人を馬鹿にしたり、悪口をいったりする
・親と顔を合わせたり、会話したりすることを嫌がる	・服装が派手になる

（愛知県教育委員会 2009、文部科学省 2016a より作成）

思春期の変化と認識され、いじめ状態が間接的に表れたものとはわかりづらい。児童生徒本人が否定することもある。

　家庭で表 10-2 のような行動が見られたら、すぐに学校に連絡してもらうようにする。教育相談の一環として行われる個人面談、保健室や相談室、保護者や地域からの情報、学校生活アンケート、ネットパトロールからの報告等をもとに、いじめを可能性に入れ、多面的かつ総合的な分析を行い、学校としての対応を検討しなければならない。

　いじめの早期発見、早期対応のためには、いじめている側の子どもたちの行動にも注意を払う必要がある。そのサインは学校の内外で見られる（表 10-3）。いじめを許さない学校の雰囲気作りを進めるとともに、日頃の児童生徒の行動をしっかりと捉え、わずかな変化も見逃さないようにしたい。

いじめと区別がつきにくい行動　①けんか

　いじめている側は、自分はいじめていないと主張することがある。特に児童生徒間で攻撃の応酬があるので学校はけんかと判断し、いじめを見過ごすことがあり、注意が必要である。文部科学省（2016b）によると、突発的に発

生し、行為自体が短時間で終わるものはけんかと見なされてしまい、いじめとは認知されないことがある。しかし、けんかと捉えられる行為は、心身の苦痛を生じさせるものが多く、いじめと認知されるべきだとして、いじめの認知漏れの危険性を指摘している。

　学校で起きるけんかの延長線上にいじめが発生する場合があると考え、その後に留意する必要がある。

いじめと区別がつきにくい行動　②ふざけ、いじり

　近年、「いじり」がいじめとして認識され始めている。いじりやからかいは、言語・心理的攻撃であり、いじめの温床となる。子どもたちはテレビ番組の「いじり」の場面を模倣し、子ども同士がいじり合い、いじる側が笑うだけでなく、いじられる者も笑うことがあり、いじりといじめとの判別を難しくしている。尾木 (2013) は、いじりは「個性や人間性の冒瀆」につながるとして警鐘を鳴らしている。青砥 (2015) によれば、「いじる―いじられる」というコミュニケーションスタイルを、84％の若者は身近に感じていても、42％の若者はいじめだと感じている。川崎市 (2018) は『川崎市いじめ防止基本方針』で、いじる行為をいじめの態様の例として表10-4のような例を示している。

　いじりがお笑い番組のネタであり、「いじられキャラ」のような表現が世間に定着していることもあり、いじる側や周囲にいじめの認識や罪の意識が乏しいことがある。いじられている側も笑われることを楽しんでいるように見えることもある。笑われることで、場の雰囲気を盛り上げ、仲間関係を維

表 10-4　いじる行為の例

・周囲の受けをねらって自らの失敗を周囲に言い放し、それを周囲があげつらって笑う。
・仲間はずれにされたくないために周囲の受けをねらって自分の好きな児童生徒の名前を大声で叫ぶ。
・いじられる傾向にある児童生徒に対して、その仲間ではない児童生徒が、本人が全くその気がないのに、学級委員や係のリーダー等にその児童生徒の名前を挙げて推薦する。
・教職員が周囲の受けをねらったあだ名をつけられた児童生徒に対して、そのあだ名を呼ぶ。

132 第Ⅲ部　子どもの諸問題とその対応（教育相談の実際）

持しようとしているのかもしれない。ところが、いつしかいじりが度を越し、いじられている子どもに苦痛を与えるようになることがある。人の心を傷つけるふざけやいじりは決して許されるものではない。教師として看過できないと、首尾一貫して、毅然とした態度を取ることが必要である。

3　いじめへの対応と指導体制

いじめへの指導体制

　「いじめ防止対策推進法」には、教職員やいじめの相談を受けた者、保護者は、いじめの可能性を疑ったときには、学校へ通報するなどの適切な処置を取らなければならないと規定されている。通報を受けた学校は、校長などの管理職のもと、生徒指導部、教育相談部、スクールカウンセラー、スクールソーシャルワーカーなどによる「いじめ防止委員会」を設置して情報を共有し、組織的に活動することになっている。いじめ防止委員会が第1に行うべきことは情報収集である。そのためには関係する児童生徒への聞き取り、アンケート調査などから、いじめの事実を確認する。そのうえで、校長は教育委員会に報告するとともに、被害者の保護者に連絡を取り、学校と保護者が連携して対処できるよう理解を求めることが大切である。

　そして、速やかに、①いじめられている児童生徒に「先生たちや保護者はあなたを絶対に守る」と学校の意思を伝え、いじめを受けた児童生徒の心のケアを進めるとともに、学校の中だけでなく、登下校時の安全の確保に努める。②保護者と連携し、学校としての対応策を説明し、保護者の承諾のもとに進めることも忘れてはならない。③いじめの内容によっては、教育委員会や警察との連携協力を行うことも必要である。④加害者を特定できたら、個別に指導し、いじめ行為の問題点に気付かせ、被害者への謝罪の気持ちを持たせたうえで、加害者と被害者を交えた話し合いの場を設ける。⑤被害者本人と保護者の了承が得られたら、再発防止に向けた、学級や学年全体への指導を行う。⑥いじめが解決したと思われた後も、学校がわからないように陰で執拗ないじめが継続することもしばしばあるので、卒業まで定期的に話し

合う機会を持つなどの配慮も必要である。

　これら一連の対応、指導は、担任や担当教師が自分の判断で行うものではない。学校の指導体制の一環として、教職員全体、そして関係機関や相談機関と連携して行われるのである。

いじめを受けている児童生徒への対応

　いじめの被害者には、教師や保護者が徹底的に味方をすることを伝える。いじめを告げたことで報復を恐れる場合は、希望に応じて別室登校、登下校や在校中に付き添うなど、いじめから守ることを約束し、実行する。

　教師や保護者は、「いじめられる側にも問題がある」とか、「いじめに打ち勝つように強くなるのも大切だ」などと考えてはならない。いじめられる側に非はない、いじめは許されない、いじめる側が悪いということを児童生徒にしっかりと伝える。

いじめている児童生徒への対応

　まずは、いじめ、他者を傷つける行為をやめさせるような指導が必要である。いじめは絶対に許されないことを毅然とした態度で伝える。解決を急ぐあまり、不満が残り反抗的な態度を取ることになってしまわないような配慮が必要である。その児童生徒が自分の存在が否定されていると感じてしまっては、その場限りの謝罪や反省に終わってしまう。

　はじめのうちは責任の回避、自己の正当化、ごまかしや反発によって、指導を受け入れないことがある。しかし、他者の心の痛みを理解させるための指導を粘り強く行うとともに、いじめの恐ろしさ、人権の尊さを教えなければならない。その児童生徒が抱える問題に対処するとともに、教師との信頼関係の構築、健全な人間関係作りを支援することが大切である。

保護者への対応

　保護者は、自分の子どもがいじめられた側、いじめた側のどちらであっても、その事実を知らされたときには大きなショックを受け、容易には受け入れられないものである。相手の児童生徒、保護者、自分の子どもに怒りを感じたり、自責の念に苛まれたりするなど、強いストレスにさらされる。学校や教師に怒りの感情が向けられることもある。

学校は家庭に事実を率直に伝え、事実関係を確認する。いじめられた側の保護者には安全の確保と解決に向けた取り組み、支援計画を伝える。いじめた側の保護者には、いじめは許されないこと、繰り返さないよう指導することを伝える。その際、闇雲に原因を追求したり、責任を追及したりすると、保護者の謝罪や解決への協力を得られなくなるので注意しなくてはならない。

4　いじめを生まない学校作り

学校、教師に求められる姿勢

いじめを防止するためには、教師自身の言動を振り返ることも必要である。教師による体罰や暴言、接し方の偏りは、いじめのモデル、観衆や傍観者を生み出すことにつながるからである。

また、学校や教師個人がいじめの発生を指導力不足の結果とされるのを恐れるあまり、発見、対応が不十分になることが危惧されている。

日本の教師は多忙である（国立教育政策研究所 2014）。しかし、いじめは児童生徒の生命に関わる問題であり、先送りできないことを自覚しなければならない。

学校・学級作り

児童生徒の心を育てる教育活動の中心は道徳教育である。学校の教育活動全体を通して行われ、他者を尊重する態度、規範意識を育成していく。その中で、カウンセリングマインドを活かした学校・学級経営、授業作り、部活動指導はいじめ防止に有効である。

また、自己を適切に表現する能力、コミュニケーション能力は、他者の考えを受容、共感的に理解する学級、授業の中で身につくものである。たとえば、係活動やグループ活動におけるピア（仲間）・サポートの経験は、親和的な人間関係を生み出し、自己有用感（他者の役に立つという感覚）を向上させることができる。特別活動におけるボランティア、異年齢間の交流活動、勤労体験により、地域や他者の役に立ち、認められる経験は、児童生徒の自己有用感をさらに高める。

第10章　いじめへの対応と予防　**135**

いじめの防止、解消は学習指導を含めた、すべての教育活動を通して行っていくものなのである。

〈事例1〉　部活動でのトラブルから、いじめへと発展の疑い

女子生徒F子（高等学校1年生）は、吹奏楽部に所属しているが、コンクールの楽曲が難しく、なかなかマスターできなかった。全体練習で怒られることが多くなり、同じパートの生徒から「F子、もっと真面目にやろうよ」と何度かいわれた。以前は仲がよかったが、先に帰られることが多くなり、遊びにも誘われなくなった。そして、F子は家庭で些細なことで、泣いたり、怒ったりするようになったという。

事情を知った母親から担任に、「部活動でいじめられているのでは」と相談があった。すぐに顧問が同じパートの生徒から事情を聴いたのだが、保護者の一人は、自分の子どもがいじめの加害者扱いされたと学校に抗議してきた。F子も他の生徒も、ますます気まずくなった。その後、F子の母親が学校に、事態が改善されないから部活動をやめさせて欲しいと申し出てきた。

課題1　このケースは、保護者の訴えのとおり、いじめであると認知すべきだろうか。

課題2　担任、顧問は保護者にどう対応すればよいのだろうか。

課題3　顧問は今後、どのように部活動を指導すればよいのだろうか。

〈事例2〉　身体特徴へのからかい

女子児童S子（小学5年生）は、すでに身長が160cmを超えている。クラスの男子はS子のことを「高層ビル」と呼び、からかっているようだ。しかし、S子は気にする様子もなく、男子を追いかけたり、「ミニ」と言い返したりしている。

他のクラスの教師は、このようなからかいは、いじめに発展する、すぐにでもやめさせるべきだという。しかし、そこまでしなくてもよいのではないかという教師もいる。

課題　あなたはどう考えるか。やめさせるのであれば、どのように指導するとよいだろうか。

引用・参考文献

愛知県教育委員会　2009『いじめの発見・解決・防止をめざして　小さなサインが見えますか』

青砥弘幸　2015「現代の若者の『笑い』に関する実態とその課題—大学生に対する調査を中心に」『笑い学研究』第22巻、pp. 47-61

尾木直樹　2013『尾木ママの「脱いじめ」論』PHP研究所

川崎市　2018『川崎市いじめ防止基本方針』

国立教育政策研究所　2014『教員環境の国際比較—OECD国際教員指導環境調査（TALIS）2013年調査結果報告書』明石書店

森田洋司　2010『いじめとは何か—教室の問題、社会の問題』中央公論新社

文部科学省　2010『生徒指導提要』

文部科学省　2014『平成26年4月11日「いじめのサイン発見シート」の配布について』

文部科学省　2016a『平成26年度　いじめ防止基本方針』

文部科学省　2016b『いじめの認知について　いじめ防止対策協議会（平成28年度）（第5回）配付資料』

文部科学省　2017『いじめの防止等のための基本的な方針（最終改訂版）』

文部科学省　2018『児童生徒の問題行動・不登校等生徒指導上の諸課題に関する調査結果について』

非行への対応と予防

第11章

1 非行とは

非行の定義

　非行という言葉は、一般では様々な行為に対して用いられる。たとえば、学校では、校則を守らない、服装が乱れる、無断欠席までも非行と呼ぶこともある。あるいは、これらのようなケースを「不良少年」と呼ぶ場合もあり、用語の使われ方に揺れがある。しかし、非行によって、児童生徒や保護者が被疑者として拘束されたり、訴訟を起こされたりするなど、個人の生活に重大な影響を及ぼすことがある。そこで、文部科学省 (2010) は、誤解や行き違いから無用なトラブルを生じさせないために、非行を正確に定義して用いる必要性を指摘している。

　少年非行の範囲を狭く捉えた定義としては、少年法第3条に規定された以下の3点が「非行」と定義される。

① 犯罪少年（罪を犯した14歳以上20歳未満の少年）

② 触法少年（14歳に満たないで刑罰法令に触れる行為をした少年）

③ 虞犯少年（保護者の正当な監督に服しない性癖があるなど、その性格または環境に照らして、将来、罪を犯し、または刑罰法令に触れる行為をする恐れがあると認められる少年）

　この定義から明らかなように、非行少年とは何らかの犯罪を起こした未成年を指すものであり、問題行動を何もかも「非行」と呼ばないようにしたい。

　「不良」という言葉は、少年の健全な育成を図るための警察活動を定めた「少年警察活動規則」で定義されており、非行少年には該当しないが、飲酒、

喫煙、深夜徘徊その他自己または他人の徳性を害する行為をしている少年を「不良行為少年」と名づけている。いわゆる「補導」の対象となるものである。

非行少年の処遇

事件を起こした14歳以上の少年（犯罪少年）は、家庭裁判所で身柄の拘束

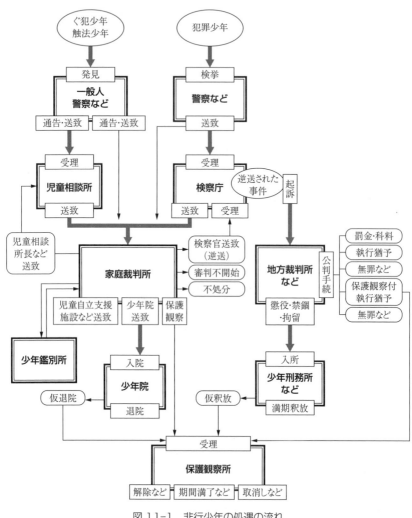

図 11-1　非行少年の処遇の流れ

（検察庁ホームページより）

第 11 章　非行への対応と予防　**139**

が必要と判断されると、観護措置として少年鑑別所に入る (通常 2 週間、最長 8 週間)。少年鑑別所では、法務技官による心身鑑別、家庭裁判所による面接 (心理検査を含む) や被害者や保護者、学校への調査が行われる。その後、通常は家庭裁判所による審判を経て、処分が言い渡される。家庭裁判所が保護的措置で十分と判断すれば、審判不開始となり、手続きは終了する。

　家庭裁判所は、少年を更生させるために、心身の状況および非行傾向に応じて、保護観察、少年院送致、または児童自立支援施設等送致の処分 (保護処分) を決定する。保護観察では、家庭などで生活し、保護観察官や保護司から交友関係など生活についての指導を受ける。児童自立支援施設 (児童養護施設を含む) とは、児童福祉法上の支援を行うための施設で、家庭的な環境の中で少年の学習、生活などが指導される。少年院は 4 か月から 2 年間程度で、閉鎖性の高い施設内で矯正教育、社会復帰支援が行われる (図 11-1)。

　教育による矯正の可能性が低く、成人の犯罪者と同じように刑事処分を受けることが適当と判断された場合は、刑事裁判を受けさせるために事件が検察官に送致される。

　観護措置から保護的措置、保護処分などの期間には、教師にも面会の機会がある。子どもは教師に会えることを喜び、自分の行動を悔い、学校に戻りたいと願う。この気持ちが続くか否かは、教師からの働きかけによるところも大きい。関係諸機関と相談のうえ、児童生徒の矯正に役立つと判断される場合には、教師は積極的に面会することが望まれる。

2　非行の現状

検挙、補導の状況

　内閣府 (2015) の世論調査では、少年による重大な事件が 5 年前より増えたと回答した人は 80 % に近く、少年非行で減っているものはないとの回答は 67 % にのぼっており、多くの人が少年非行は増えたと認識している。しかし、警察庁 (2017) によれば、刑法犯少年 (触法少年を含む)、道路交通法違反、不良行為少年の全体数は減少傾向にあり、検挙、補導された少年は、10 年間で

140 第Ⅲ部　子どもの諸問題とその対応（教育相談の実際）

表 11-1　刑法犯少年等の検挙・補導数の推移

	刑法、特別 法犯少年	交通事故、 道交法違反	触法少年	虞犯少年	不良行為 少年	計
2008 年	97,702	354,310	18,288	1,199	1,361,769	1,833,268
2009 年	97,282	341,947	18,949	1,258	1,013,840	1,473,276
2010 年	93,323	313,239	18,514	1,250	1,011,964	1,438,290
2011 年	85,729	288,833	17,593	1,016	1,013,167	1,406,338
2012 年	72,026	268,755	15,021	993	917,926	1,274,721
2013 年	62,299	251,183	13,533	959	809,652	1,137,626
2014 年	54,081	225,121	12,647	1,066	731,174	1,024,089
2015 年	44,333	212,313	10,559	1,089	641,798	910,092
2016 年	36,804	194,758	9,330	1,064	536,420	778,376
2017 年	31,838	178,065	9,041	1,107	476,284	696,335

（警察庁 2017 より作成）

表 11-2　薬物乱用少年の推移

	覚せい剤			大麻		
	男子	女子	総数	男子	女子	総数
2008 年	123	182	305	155	24	179
2009 年	93	156	249	198	29	227
2010 年	88	169	257	176	35	211
2011 年	82	146	228	119	45	164
2012 年	68	115	183	61	20	81
2013 年	47	101	148	59	7	66
2014 年	40	84	124	49	10	59
2015 年	30	62	92	65	15	80
2016 年	41	78	119	126	18	144
2017 年	45	91	136	197	13	210

（警察庁 2017 より作成）

2008 年の 4 割ほどまでに減少している。特別法犯（刑法犯以外の犯罪。道路交通法違反・覚せい剤取締法違反、売春防止法違反など）少年（触法少年を含む）も減少傾向にあり、虞犯少年はほぼ横ばい状態である（表11-1）。

　特別法違反である薬物乱用の 2017 年から過去 10 年間の動向について（表11-2）、覚せい剤、大麻は、2008 年から減少傾向にあったものの、2016 年を

境に増加傾向に転じた。2017年までの10年間では、中学生より高校生が多く、高校生のうち、覚せい剤は女子が多く、大麻は男子が多い。危険ドラッグなどと合わせて今後の増加が懸念されている。

学校における暴力行為の状況

　文部科学省は、暴力行為を「自校の児童生徒が、故意に有形力（目に見える物理的な力）を加える行為」と定義し、「対教師暴力」、「生徒間暴力」、「対人暴力」（対教師、生徒間暴力の対象者を除く）、「器物損壊」の4形態に分けている。2016年度の小中高等学校の発生件数は5万9475件、児童生徒1000人当たりでは4.4件で、中学校、高等学校は減少傾向にある（図11-2）。

　しかし、小学校における暴力行為の発生件数は、調査が始まった1997年度から増加が続き、2013年度には高等学校の件数を上回るほどになった（文部科学省 2017）。非行少年の中には、小学校の高学年から喫煙、飲酒、万引き、暴力行為を始めている場合がある。『生徒指導提要』（文部科学省 2010）にもあるように、まだ小学生だからと先送りせず、思春期を見据えた指導が不可欠である。

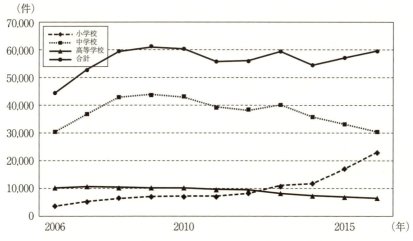

図11-2　学校管理下における暴力行為の発生件数の推移

（文部科学省 2017）

3　非行の原因

非行・問題行動のリスク

　『生徒指導提要』は、すべての児童生徒は問題行動の要因を内包しており、心身の変動の激しい思春期は、社会的に好ましくない影響を受けやすいという視点で問題行動を捉える必要があるとしている。

　青年はアイデンティティを模索する中で、精神的に不安定な状態になり、そのストレスから反社会的な行動を取ったり、不良集団に居場所を求めたりすることがある。学習や部活動、恋愛での挫折を機に、教師にとって「まさか」の生徒が非行に走ることもある。非行は思春期、青年前期の発達段階に内在するリスク、クライシス（危機）であるが、環境や個人の内にも非行を促進する要因がある。

環境要因

　非行の環境要因としては、親子関係、友人関係などの人間関係が重要な意味を持つ。『生徒指導提要』では、親子関係において、親自身の不安定さ、一貫性のないしつけ、子どもへの監督が乏しいこと、愛着の弱さ、虐待、家族内葛藤が多いことが要因として挙げられている。

　内閣府（2010）の調査によると、非行少年（補導少年、少年鑑別所在所少年）の中学生と高校生において、「親は暴力をふるう」、「小さいときに親から暴力を受けた」とする割合は一般少年よりも多い。年齢が高くなるにつれ、虐待や冷遇から逃れるための反抗や不良行為が繰り返されると、虐待の回避は本格的な非行へと発展する。

　一方で、非行少年の70％以上が家庭の雰囲気は温かく、60％以上が「親は私のことを信頼している」と答え、一般少年との差は10ポイントを超えていない。「親から愛されていない」、「親が厳しすぎる」は、20〜30％にすぎず、一般少年との差は10ポイント以下であった。非行女子では、「家庭の雰囲気は暖かい」、「親から信頼されている」と感じる者は60％程度で、一般少年よりも20ポイントほど低い。女子の非行は、家庭環境の影響が強いと考え

られる。家庭環境が非行、問題行動に及ぼす影響は、子どもの性別や親子関係に影響されることに注意が必要である。

友人関係では、社会的な規範から逸脱した友人の存在が影響する。仲間や年長者による飲酒、喫煙、深夜徘徊などの不良行為は模倣されやすく、窃盗や暴力、性非行、薬物使用などの犯罪行為へとエスカレートする場合がある。

非行少年、若年犯罪者の意識を取り上げた『平成23年版　犯罪白書』では、彼らの友人関係は表面的で、非行が深刻になるほど、「つき合っていても自分が向上しない」、「好きでもないのにつき合わなければならない」などと、満足度が低くなるとされている。

藤野 (2002) は少年鑑別所入所者への調査から、非行少年同士の付き合いは、表面的ではなく、内面の共有や安心感を覚えるという結果を得ている。しかし、彼らの交友関係は防衛的かつ不安回避の要素が強く、本心では非行歴のない友人を持ちたがっていることも見出している。

個人内要因

非行・問題行動の原因として、セルフコントロールの低さと基本的信頼感の欠如が指摘される。セルフコントロールと非行の関係について、大渕 (2013) は、衝動的、刹那的、刺激希求的 (スリルや興奮を求める)、身体活動志向、自己中心的、易怒的 (短気)、単純課題志向 (努力や手間を惜しむ) の強い児童生徒に非行の傾向があるとしている。内閣府 (2010) の調査でも、「頭にきたときは自分でおさえられなくなる」とする非行少年は、中学生で53.1％、高校生で37.8％で、一般少年よりも20ポイントほど高い。「友達や先生の目が気になった」についても、非行少年 (中 33.7 ％、高 45.2 ％) は一般生徒 (中 50.8 ％、高 57.2 ％) よりも低い。しかし、「自分はクラスで人気がある方だ」と答えた者は、非行少年 (中 26.4 ％、高 28.3 ％) は一般少年よりも20ポイントほど高い。一般生徒は教師などへの権威に反感を抱いても、行動にはなかなか移せない。しかし、非行少年の場合は、自分には勇気があり、尊敬されていると感じている可能性がある。このような有能観、自尊感情から、自分を過大に評価し、非行の拡大につながりやすい。教師が彼らに自分のよさに気付かせ、自らの行動を客観視するよう働きかけなければ、望ましい行動を身に

144 第Ⅲ部　子どもの諸問題とその対応（教育相談の実際）

つけさせることはできない。

　基本的信頼感の欠如も非行の大きなリスク要因として挙げられている。これが十分に獲得されないと、他者に防衛的になり、対人関係能力が育ちにくくなる。非行に走る児童生徒の中には、児童虐待や家庭内不和のために、温かい養育を受けられなかった者が少なくない。しかし、教師が非行少年に愛着を持つことによって、彼らが基本的信頼感を持つことができ、さらに安全、承認、自己実現の欲求を満たすことができれば、彼らは自分や他者、学習や活動に取り組むことの「よさ」に気付くことができるようになり、問題行動の防止、改善につながる。

4　非行への対応

非行への教育相談の基本

　問題行動における指導と支援の目標は、児童生徒の社会的資質や行動力を高めることであり、罰を与えることではない。また、教師個人ではなく、学校が組織として行う教育活動であることを認識していなければならない。

　指導、支援は、概ね、①初期対応、②事実確認と情報の共有と方針の決定、③個別指導、④再発防止の段階で行われる。特に、事実確認、個別指導の段階では、教育相談の考え方、技法が必要となる。児童生徒が自らの課題を認識し、解決や自己実現に向けて取り組めることが目標となる。

対処的指導の過程①初期対応

　問題が発生した場合、教師は組織として決められた役割を果たすのであるが、生徒間暴力では、まずは加害者の行為を制止し、落ち着かせる。被害者、負傷者には、以後の安全を約束するとともに、精神的なダメージに配慮する。校内での盗難、児童生徒の所有物が壊された場合も、大きなショックを受けているものとして、心のケアを想定、準備しなければならない。これは、被害者の保護者にも同様のことがいえる。家出の場合は、保護者に速やかに警察に届けることを勧める。

　万引き、性非行、家出、薬物乱用では、他の児童生徒を動揺させないため

に、教師は噂の拡散を防ぐなど、情報管理を徹底する。加害者、被害者ともに、学校の大切な子どもであり、プライバシーを尊重しなければならない。

対処的指導の過程②事実確認

　指導のためには、事実を正確に把握しなければならない。よって、事実確認と指導を同時に行ってはならない。聞き取りは複数の教員で行い、不測の事態に備えるために児童生徒を一人の状態にしない。性非行の場合は、同性の教員が担当するのが望ましい。加害者が複数いる場合には、個別に、同じ時間帯で聞き取りを進めるようにする。これらのことは保護者に対しても同じである。暴力や盗難における被害届の提出は、被害者とその保護者の意向を尊重する。教師は被害児童生徒や保護者の感情を受け止め、整理できるよう支援を続けなければならない。

　生徒間暴力では、いじめの可能性に留意しつつ、加害者と被害者の日常の関係や感情を確認する。また、問題行動の背後にある交友関係、不良集団との関係、暴力組織の存在の把握も必要となる。聞き取りの際には、まずは教師が話を丁寧に聞き、児童生徒に繰り返し確認しながら進める。自分の話が否定されず、受け止めてもらえることがわかれば、児童生徒は事実を話すようになる。聞き取った内容を児童生徒に読み聞かせることで、自分のしたことが明確になり、整理ができる。自分の話をしっかり聞いてもらえると児童生徒が実感できれば、教師の問いかけは「あなたのことを理解しようとしているのだよ」というメッセージになる。

　確認された情報は、教職員間で共有する。次に、管理職や生徒指導主事、委員会で話し合い、学校の指導方針や具体的な対応を決定する。必要に応じて、スクールカウンセラーや関係機関、保護者とも対策を協議する。

対処的指導の過程③個別指導

　個別指導は、児童生徒が自らの行為を振り返り、課題を認識し、解決や自己実現に向けて取り組むための重要なステップとなる。この指導は、担任教師だけで行うものではない。中心的な指導は生徒指導主事や学年主任が行い、フォローは主に担任が行うなど、役割分担を決めたチームでの指導が求められる。

146　第Ⅲ部　子どもの諸問題とその対応（教育相談の実際）

　指導の初期段階では、否認や他者へのなすりつけなど、防衛的な態度が見られることがある。しかし、教師は感情的、説教的になってはならない。一緒に考え、生徒自身が気付くよう根気よく働きかけるのである。

　暴力行為の場合、加害者だけが悪いとはいえない場合もある。しかし、主張はしっかりと聞いたうえで、暴力は正当化できないこと、被害者にも仕返しは許されないことを理解させる。飲酒、喫煙、万引きは、重大な犯罪への入り口になっていること、誘われても断ることをロールプレイによって身につけさせることも有効である。本当はどのような友達付き合いがしたいのか、仲間で違法行為をすることが、自分たちのためになっているのかを考えさせる。性非行の場合も、自分や仲間がしていることは、本当に望んでいたことなのか、自分たちのためになっているのかを考えさせる。

　そして、自分が被害者や家族を傷つけたことを顧みさせる。どうすれば許してもらえるのか、責任を取ることができるのか、関係を修復することができるのかを一緒に考え、気付かせることが再発防止に不可欠となる。

対処的指導の過程④再発防止

　この段階では、個別指導を受けた児童生徒が成長に向けて行動できるよう支援する。表情、行動、人間関係の変化など、指導の効果を本人にフィードバックする。ほめる、声かけ、励ましは、自分のことを気にかけてくれているというメッセージになる。活躍の機会を意図的に作り、変化や成長を実感させることも有効である。うまくいっていないときは、もどかしさを共感的に理解し、どうすればよいかを教師と考え、自己決定させることが必要となる。これらの見守りや働きかけは、組織的に行い、情報は教職員、保護者や関係機関と共有する。

　深刻な事件が起きると、他の児童生徒に動揺が広がり、学校外や家庭での行動が変化することがある。地域住民や保護者から情報を得るように努めることで、全体への予防的指導が可能となる。

第 11 章　非行への対応と予防　**147**

5　非行の予防

学校の取り組み

　非行の予防は、未然防止と早期発見・対応の側面を併せ持つ。学校では、学習指導を含むすべての教育活動において、非行や問題行動の予防を意識した指導が大切であり、児童生徒に社会的に望ましい態度を身につけさせるようにしたい。直接的な非行防止につながるものとして、「非行防止教室」、「スマートフォン使用に関する講習」、「薬物乱用、飲酒、喫煙防止教室」、「交通安全教室」等を年間指導計画に位置づけるようにしたい。さらには、教師による日常の観察、アンケート調査、定期面談、保護者懇談などの教育相談を通して、児童生徒が抱える課題を発見し、全体指導、個別指導へとつなげていく。

警察の取り組み

　警察は全都道府県に少年サポートセンターを設置し、少年補導職員を中心に、学校、児童相談所、その他の関係機関・団体と連携しながら非行防止に取り組んでいる。主なものには、少年相談活動、街頭補導活動、継続補導、

表 11-3　警察による主な非行防止活動

少年相談活動	少年や保護者からの悩みや困り事に、心理学や教育学の専門知識を持つ職員や少年非行問題に経験豊富な職員が指導・助言を行う。
街頭補導活動	繁華街、学校周辺、通学路、公園等で、非行に至らない不良行為の段階で適切に対処する。
継続補導、 立ち直り支援	少年、保護者等の申し出に応じて、家庭、学校、交友関係、その他の環境が改善されるまで悩みを聞いたり、カウンセリングを行う。
広報啓発活動	学校で非行防止教室、薬物乱用防止教室等を開催する。少年非行・犯罪被害の実態や少年警察活動についての理解を促す。
少年サポートチーム	少年への指導・助言を行うための学校、警察、児童相談所等の担当者からなるサポートチーム。
スクールサポーター	警察官を退職した者を学校に派遣し、問題行動への対応、巡回活動、相談活動、児童の安全確保に関する助言等を行う。

(警察庁 2012 より作成)

148　第Ⅲ部　子どもの諸問題とその対応（教育相談の実際）

立ち直り支援、広報啓発活動があり、スクールサポーター、少年補導員などのボランティアと連携して少年の健全育成活動を推進している（表11-3）。

　教育委員会と警察との間では、締結した協定等に基づき、児童生徒の非行に関する情報を相互に通知する「学校・警察連絡制度」が運用されている。

予防のための早期発見

　教師は日頃から、非行などの問題行動を未然に防ごうと努めなくてはならない。児童生徒は表11-4に示したような様々なサインを発してくるが、思春期の変化と見分けがつきにくい。これらの行動が非行に直結するとは限らないが、背景に注意しながらの指導が必要である。

　家庭からの情報も重要である。しかし、保護者が気付かなかったり、子どもの変化に困惑したりして、対応が遅れる場合がある。学校でもサインは発せられるが、家庭の方が変化に早く気付くことが多い。家庭で表11-5のような問題行動のサインが見られたら、学校に連絡してもらい、どう対応していくかを検討する。保護者が混乱していたとしても、教師は児童生徒を大切に思い、味方でいることに気付かせることが重要となる。

表 11-4　学校で見られる問題行動のサイン

①　服装など	・髪型、服装などに気を配り、特異さが目立つ。 ・学校の決まりを守らない。
②　言葉遣い	・保護者や教員の指導に、言い逃れ、嘘、反抗、無視をする。 ・投げやりで乱暴な言動が増える。 ・下品な言葉や通常の児童生徒が使わない言葉をいう。
③　友人関係・人間関係	・急に人間関係が変わり、孤立する。 ・遊び仲間との時間が多くなり、頻繁に連絡を取り合う。 ・性に関する関心が強くなり、異性に対して目立つ言動を取る。
④　学級・ホームルーム・授業中などの態度	・無断欠席、遅刻、早退が増える。 ・夜遊びや深夜のゲームなどで、授業中に居眠りが増える。 ・勝手に違う席に座る。 ・教員の指示に従わず、私語を繰り返す。 ・他人を気にするようになる。 ・役割をさぼり、学校行事に参加しなくなる。
⑤　持ち物	・煙草、漫画、化粧品、高額なお金を学校に持ってくる。 ・教科書を持たずにいても平気でいる。 ・菓子などを教室などで食べる。

（文部科学省　2010 より作成）

第 11 章　非行への対応と予防　**149**

表 11-5　家庭で見られる問題行動のサイン

Step ①初期的症状……非行化のスタートライン	
・注意すると反抗する、喜怒哀楽が激しくなる ・子どもの生活に不明瞭な部分が増える ・言い訳や嘘が多くなる ・帰宅時間が不規則になる	・服装・髪型・持ち物に必要以上に気を遣う ・家族と一緒にいることを避ける ・スマートフォン・携帯等の利用時間が増える ・食欲が落ちる ・趣味が変わる
Step ②注意信号……問題行動	
・服装・髪型が乱れる ・夜間の外出が増える ・お金の使途がはっきりしない ・責任感が薄くなり、約束を守らない ・見慣れない持ち物が増える	・言葉遣いが悪くなり、隠語などを使う ・見慣れない友人と付き合うようになる ・行き先を聞いても素直にいわない ・落ち着きがなくなる ・成績が急激に下がる
Step ③赤信号……逸脱行為、不良行為	
・無断で外泊する ・飲酒して帰宅する ・家は出ても学校は欠席する ・昼間は寝て、夕方になると出かける	・家出を繰り返す ・煙草を公然と吸う ・家のお金や品物を無断で持ち出す ・オートバイや車に夢中になり、乗り回す

(岡山県警察本部 2015 より作成)

　非行の早期発見には、地域の住民や店舗、事業所の協力が欠かせない。登下校中、休日に、児童生徒に犯罪に近い行動があれば、ためらわずに学校に連絡してもらう。そのためには、地域から得た情報は、罰するためではなく、よりよく育てるために用いるということを伝え、理解してもらわなければならない。

〈事例 1〉　友達に何度もたかられていると保護者からの相談

　男子児童 A 男（小学校 6 年生）の母親から学校に電話があった。A 男は同級生の B 男たちに何度もおごらされ、母親の財布からお金がなくなることも多い。B 男たちとその保護者に指導して欲しいという。

　B 男たちはこの頃清掃をさぼるなど、生活態度の変化が目につき始めていた。地域にある空き家で遊んでいるのを地域の住民に注意されたときに、悪態をつきながら逃げたという苦情も入っていた。担任教師と学年主任は、B 男、その友達 C 男、D 男の 3 人を順に呼び、次のように問い正した。

教師：「君たちは A 君におごってもらったことあるのか？」

B 男：「あるよ」

教師：「おごってくれといったのか」

B 男：「おごってといってみたら、おごってくれたから」

教師：「何回くらい？」

B 男：「わからないよ。そんなこと覚えてない」

教師：「何回もおごってもらうということは、おかしいことではないか？」

課題1 担任教師と学年主任は、B 男たちを怒るのではなく、いくつかの決められた方針を持って臨んでいた。それはどのような方針だろうか。

課題2 A 男と保護者には、どのような支援が必要だろうか。A 男自身のこと、親子関係など、様々な可能性を視野に入れて考えよ。

課題3 B 男たち、それぞれの家庭には、どのような指導や支援が必要だろうか。謝罪、反省だけでなく、B 男たち、さらには学年の子どもたちがよりよい学校生活を送るための支援を考えよ。

〈事例2〉 不良のような服装をしてくるようになった生徒への対応

9月の始業式に、男子生徒 F 男（中学校1年生）は不良のような服装、髪型で登校してきた。F 男の両親はいわゆるガラの悪い服装を好み、授業参観や懇談会にもドクロがプリントされたジャージでやってくる。同じ小学校を卒業した F 男の中学生の兄は、地域の不良グループに入っており、たびたび問題を起こしている。

F 男には愛嬌があり、問題を起こすことはなかった。しかし、クラスの保護者の中には、F 男とは遊ばせたがらない人もいるという。学校も F 男が兄のようになってしまうのではないかと憂慮している。

課題1 担任教師は F 男に対して、どのように働きかけていく必要があるだろう。友人関係、学習の問題など、日常の生活指導や学習指導の観点から考えてみよ。

課題2 学校や担任教師が F 男の両親と関わるうえで、どのようなことに注意、配慮するとよいか。F 男の兄が中学校でたびたび問題を起こしていることを念頭に置いて考えてみよ。

課題3 学校は F 男が孤立しないよう、他の児童や保護者にどのように働きかければよいだろうか。

第 11 章　非行への対応と予防　**151**

〈事例３〉　不適切な異性交遊をしている生徒についての養護教諭からの情報

　担任教師（男性）に養護教諭から女子生徒Ｈ子（高等学校２年生）についての情報がもたらされた。保健室でのＨ子たちの雑談を聞いた養護教諭が問い正したところ、次のように反論してきたという。

　社会人男性と交際しており、性的な関係がある。男性は自分が卒業したら結婚したいといってくれている。親からは付き合うなといわれていない。誰にも迷惑をかけていないし、先生のきれいごとは聞きたくない。私の幸せを壊さないでくれと激高したという。

課題１　Ｈ子と交際男性の行動は、法的に許されるものではない。その理由と予想されるリスクを確認せよ。

課題２　この件について、担任教師はＨ子から事情を聴かなければならないのだが、どのようなことに注意、配慮すべきか。

課題３　学校はＨ子と保護者をどのように指導、支援すべきだろうか。親子関係の問題も視野に入れて考えよ。

引用・参考文献

大渕憲一　2013『犯罪心理学』培風館

岡山県警察本部　2015『少年の明るい未来のために』

警察庁　2012『平成 24 年版　警察白書』

警察庁　2017『平成 28 年中における少年の補導及び保護の概況』

警察庁　2018『平成 30 年版　警察白書』

内閣府　2010『第 4 回　非行原因に関する総合的研究調査』

内閣府　2015『少年非行に関する世論調査』

藤野京子　2002「男子非行少年の交友関係の分析」『教育心理学研究』第 50 巻 4 号、pp. 403-411

法務省　2011『平成 23 年版　犯罪白書』

文部科学省　2010『生徒指導提要』

文部科学省　2017『平成 28 年度「児童生徒の問題行動・不登校等生徒指導上の諸課題に関する調査」』

文部科学省　2018『文部科学白書』

情報化社会における問題と対応

第12章

　1990年代に始まったインターネットの普及は、情報化社会を急速に進展させ、世界は新たな段階を迎えつつある。インターネットと、携帯電話の接続を契機として、情報化の波は我々の日常生活の様々な部分に入り込み、産業界や個人の生活にも大きな変化を世界規模でもたらしている。加えて、スマートフォン、SNS（Social Networking Service）の普及は、我々のライフスタイルに大きな変化をもたらし、人々の情報行動を大きく変化させ、生活のパラダイムシフトをもたらしている。

　我が国の教育・学校の世界もその例外ではない。文部科学省は、2016年に「教育の情報化加速化プラン」を発表し、「日常生活における営みを、ICT（Information and Communication Technology）を通じて行ったりすることが当たり前となっている中では、子供たちには、ICTを受身で捉えるのではなく、手段として積極的に活用していくことが求められている」（文部科学省 2016）と述べ、教育におけるICT機器（筆者注：情報処理・情報通信における技術・産業・設備・サービスなどの総称）の整備や活用の加速化を促そうとしている。

　情報化によって、学校は多くの利便性を享受していると同時に、様々な問題にも直面している。情報化社会が抱える問題は、子どもたちの生活や学習にも様々な変化や問題を引き起こしている。この情報化社会が引き起こしている子どもたちの問題は、①子どもたちの生活上の問題、②ネットいじめの問題、③心身の健康、④犯罪への関与や犯罪被害に関わる問題の4つに大別される。

第 12 章　情報化社会における問題と対応　**153**

1　インターネットと子どもの生活

　内閣府（2018）の「平成 29 年度　青少年のインターネット利用環境実態調査」によれば、図 12-1 に示したように、中学生、高校生の 90 ％以上がインターネットを利用していると答えており、小学生のインターネットの利用率も年々上昇している。さらに、スマートフォンの所持率は、図 12-2 に示した

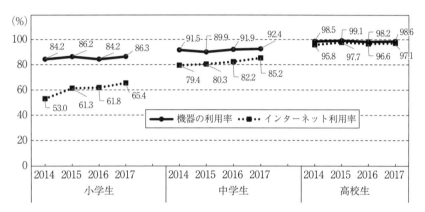

図 12-1　子どもの情報機器とインターネットの利用率

（内閣府 2018）

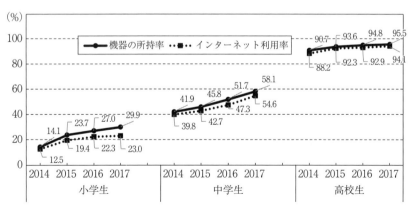

図 12-2　子どものスマートフォン所有率とインターネット利用

（内閣府 2018）

154 第Ⅲ部　子どもの諸問題とその対応（教育相談の実際）

表 12-1　情報機器、またはスマートフォンの使用目的

		コミュニケーション	ニュース	情報検索	地図・ナビゲーション	音楽視聴	動画視聴	電子書籍	ゲーム	ショッピング・オークション	その他
いずれかの機器	小（n＝664）	34.3	9.3	38.0	5.6	33.1	63.6	4.8	77.9	2.6	9.2
	中（n＝1,115）	70.4	30.7	61.9	23.9	65.7	80.3	14.6	73.5	9.4	7.1
	高（n＝915）	89.8	49.0	78.9	54.9	83.3	84.9	21.1	74.8	27.1	6.6
	保護者（n＝3,323）	91.2	81.4	87.1	76.6	48.1	61.1	16.2	49.0	64.6	15.1
スマートフォン	小（n＝177）	46.9	9.0	38.4	7.9	31.1	59.9	4.0	76.8	0.6	1.7
	中（n＝608）	84.5	34.2	61.8	29.9	69.1	77.6	13.2	69.7	9.2	1.5
	高（n＝842）	91.1	47.7	76.7	54.9	81.6	83.6	19.5	72.9	26.7	2.0
	保護者（n＝883）	92.7	81.4	84.2	76.1	44.4	53.9	14.4	47.2	56.1	4.5

（内閣府 2018）

ように、小学生から高校生まで徐々に増大し、またそれに伴ってインターネットの利用率も年々高まっている。このように、子どもたちの情報化はかなり進展している。

　また、表 12-1 に示したように、インターネットの使用内容は、小学生では、ゲームと動画視聴が際だって高いが、中学生、高校生となるにつれて、情報検索、ニュース、地図・ナビゲーションの利用など、大人（＝保護者）と同様の使い方が増大してきている。子どものインターネット利用時間は、平均約 159 分であるが、図 12-3 に示したように、年齢が上がるとともに長時間の利用傾向が見られる。一方、保護者のインターネットの平均利用時間は約 136 分であり、子どもの方が大人よりもインターネットの利用が多くなっている。特に、高校生では、26.1 ％が合計で 5 時間以上インターネットを利用しており、インターネット利用が生活の中に入り込んでいる様子が窺われる。

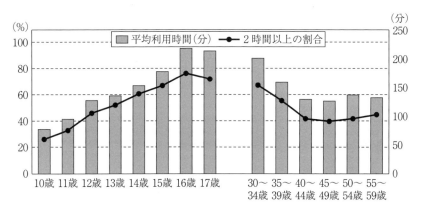

図 12-3　子どもと保護者のインターネット平均利用時間と 2 時間以上の利用者の割合
（内閣府 2018）

2　ネットいじめ

ネットいじめの状況

　ネットいじめとは、パソコンやスマートフォンなどインターネットに接続されている端末を使ったいじめを指す。そこで行われている誹謗中傷や嫌がらせ行為の本質は従来からあるいじめと変わらない。いじめの手段としてインターネットを利用しているというだけである。文部科学省は、生徒指導に関する統計を全国の小中高等学校に対して毎年調査し、まとめている。その調査において、2006 年から「いじめの態様」の一つとして、「パソコンや携帯電話等で、誹謗中傷や嫌なことをされる」という項目を設定し、ネットいじめの認知件数をまとめている。この調査によると、2012 年からネットいじめの認知件数は増加しているが、いじめの認知数に対するネットいじめの構成比率は、3～4 ％程度で推移しており、大きな変化はないが (図 12-4)、比率が低いからといって、ネットいじめには、従来の学校内を主としたいじめとは異なる深刻な特徴があり、看過できる問題ではない。

ネットいじめの特徴

　表 12-2 に従来型のいじめと、ネットいじめの特徴をまとめた。従来型のい

156　第Ⅲ部　子どもの諸問題とその対応（教育相談の実際）

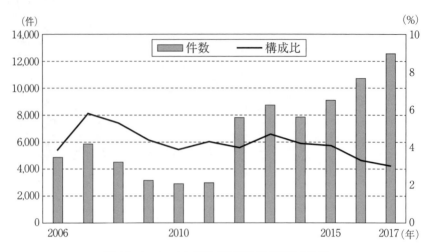

図12-4　ネットいじめの認知件数の推移と比率

表12-2　従来型のいじめとネットいじめの特徴

		いじめの手段	いじめの規模	いじめの発生場所	いじめの記憶性	加害者の特定	いじめの役割
従来型のいじめ	対面いじめ	身体・言葉	限定的	学校内・地域内	なし	可能	固定的・流動的
従来型のいじめ	文字によるいじめ	紙、ノート、黒板、机、壁など	限定的	学校内・地域内	あり（消去可）	可能（困難）	固定的・流動的
ネットいじめ		インターネット（スマートフォン・パソコンなど）	広範囲（無範囲？）	学校外・地域外	あり（消去可・複製可）	ほぼ不可能（技術的には可能）	非常に流動的

（原・山内〔2011〕を一部改変）

じめと異なるネットいじめの深刻な問題には以下の4点が挙げられる。第1の問題は、従来型のいじめより、加害者の特定に時間がかかるため、加害者が不特定多数の者へと広がりやすいことである。さらに、被害者への誹謗中傷が24時間いつでも行われ、また集中的に行われやすいので、被害が短期間できわめて深刻なものとなる危険性が高い。第2の問題は、ネットの書き込みは匿名で、個人が特定されないと誤解されており、安易で、無責任な書き込みになりやすく、子どもが簡単に被害者にも加害者にもなってしまうこと

である。第3の問題は、インターネットの掲示板やSNSに書き込まれた情報は、収集や加工が容易にでき、子どもたちの個人情報や画像がネット上に流出し、それらが悪用され、いじめ被害が一層拡大する可能性が高いことである。たとえば、第三者がいじめの加害者を特定したと書き込まれた情報に誤りがあり、いじめとはまったく関わりのない子どもやその保護者が新たな被害者となってしまうことがある。第4の問題は、子どもたちの携帯電話やインターネットの利用の実態を身近な教師や保護者が十分に理解していないために、ネットいじめを発見することが難しく、効果的な対策を講じることが困難になることである。

　保護者や教師は、このようなネットいじめの問題を理解し、子どもたちがよく使うアプリやネット上の掲示板などについて普段から理解し、知識を得るようにし、子どもが困ったときに相談に乗れるよう心がける必要がある。また、書き込み内容が犯罪を構成する可能性がある場合、インターネットの接続業者は、捜査機関の求めに応じて、あるいは裁判所命令で、書き込み加害者が開示される。匿名ではないことを学校は児童生徒に指導していく必要がある。

学校非公式サイト（学校裏サイト）

　ネットいじめの温床にもなりうるものとして、学校非公式サイト（学校裏サイト）が2008年前後に問題視され始めた。学校裏サイトとは、特定の学校に関する情報交換を目的として、その学校の公式サイトとは無関係に立ち上げられた、インターネット上のWebサイトなどのことである。学校裏サイトでは、投稿は匿名であることが多く、特定の学校についての話題であるために、話題の対象となっている人物や出来事などが判別できてしまうことがある。そのため、ある特定の児童生徒や教師に対する悪口となり、結果的にいじめにつながってしまう危険性が指摘されている。

　そこで、2008年から文部科学省はその実態の調査を行うとともに、不適切な書き込み内容の発見と取り締まり、撲滅を図るために、ネットパトロールを推奨している。また、学校裏サイトの発見や不適切な書き込みの発見、不適切な書き込みの削除依頼、裏サイトそのものの閉鎖依頼などを専門に請け

158 第Ⅲ部 子どもの諸問題とその対応（教育相談の実際）

負う会社やサイトもある。また教育委員会がそのような会社と契約を結び、学校裏サイトの撲滅を図っていることともあいまって、裏サイトの数は減少傾向にある。しかし、いまだに新たな学校裏サイトが発見され続けており、安心できる状況ではない。

LINEいじめの特徴

我が国においては、SNSの一つであるLINEが非常に多くの人に使用されており、そのツールの特性を利用した特有のいじめが問題視されている。LINEとは、特定の個人やグループへメッセージを送ることを中心として発展してきたツールである。メールを送るよりも簡便な手順でメッセージを送ることができ、またグループを設定すれば、複数の人に簡単にメッセージを送ることができ、画像や動画を添付することも簡単にでき、テレビ電話のように利用することもできる。このようなツールの特性を利用した特有のいじめはしばしば「LINEいじめ」と呼ばれ、表12-3のようなタイプが発生している。

ネットいじめへの対策

掲示板やブログなど匿名性の高いサイトへの誹謗中傷などの書き込みを発見したら、教師や保護者は、まず掲示板などの管理者にその書き込みの削除の依頼を出すと同時に、プロバイダーに削除ないしはサイトそのものの閉鎖を依頼する。しかし、削除しただけでは、根本的な解決にならない。誰が書き込んだのか、発信者は誰なのか、ネットに強い弁護士に依頼して、発信者

表12-3　LINEいじめのパターン

仲間はずれ	・いじめ対象者をグループからはずす。あるいは、いじめ対象者だけ最初からグループに招待しない。 ・グループメンバーを強制的に退会させる。 ・グループに入れないようにブロックする。
無視	・話しかけてきても、いじめ対象者のトークだけ無視する。
集団いじめ	・その子に対して一斉に悪口を送る。自分を否定する言葉が次々と押し寄せてくるので、いじめ対象者は自分が完全に否定されたような気持ちに陥る。
画像・動画共有	・裸など、いじめ対象者の見られたくない写真や動画をグループ内で共有する。

第12章　情報化社会における問題と対応　**159**

を特定し、解決を図るとよい。それでも、プライベートな情報が漏れ続けている場合は、学校裏サイトで不適切な書き込みが続いていることが考えられる。この場合は、学校裏サイトを専門的に調査、監視サービスを提供している業者に相談するとよい。

　メールによるいじめについては、メールアドレスの変更、迷惑メール設定によって不適切な内容を送ってくるメールを受信しないようにする方法がある。これらの方法は根本解決にはならないが、ネットいじめの応急処置としては有効な手段である。チェーンメールについては、いじめが無限に拡散してしまわないように、保護者や教師は、子どもたちがそのまま転送しないこと、チェーンメールを続けてしまうことは、結果的に大きないじめの罪に加担していることになると普段から指導する必要がある。もし受け取ってしまい、チェーンメールを転送しないと不安に感じる子どもについては、チェーンメールの拡散を停止させるための専用メールアドレスの存在を教えるとよい。

　LINE いじめの場合、最も有効な手段は、いったん LINE のアカウントを削除し、信頼のおける友達にのみ新しいアカウントを教えるようにすることである。LINE に限らず、SNS の場合、ネットでのやり取りであるため大人の目が届きにくい。子どもたちからの訴えがあって、初めてネットいじめが発覚することも多いので、普段から、子どもたちが相談しやすい雰囲気作りも大切である。

　ネットいじめはネット上にとどまらず、現実のいじめも同時に進行することもある。いじめは犯罪行為でもある。したがって、いじめの相談を受けたときは、教師も保護者も相互に連絡を取りながら、どのようないじめ行為があったのか、日時と内容の記録を残すようにしたい。ネット上のいじめは発信者がその発覚を察知したとき、その発言を削除してしまうこともあるので、ネットいじめが発覚したとき、その記録のスクリーンショットを残すことも必要である。

　ネットいじめを深刻なものにしないためには、いじめの早期発見、早期対応が大切である。子どもがスマホの画面を見たとき、どのような表情をしているか。わずかなサインに気付くために、「親の目が行き届かない場所では

160 第Ⅲ部 子どもの諸問題とその対応（教育相談の実際）

使わない」などのルール作り、保護者や教師に相談しやすい雰囲気作りのため、日頃から子どもとのコミュニケーション作りに心がけたい。さらに、学校・教師と保護者との連携を強くして、子どものわずかな変化に敏感になることも必要である。万が一いじめが発覚したら、弁護士や警察に相談することも必要である。

3 インターネットやゲームへの依存

　インターネットに接続すれば、世界中の人とコミュニケーションが取れる。辞書を引かなくても、ある程度のことを調べることができる。動画配信サービスを利用すれば、いつでも映画を見ることもできる。ちょっとした手持ち無沙汰な時間に、ダウンロードしたゲームで遊ぶこともできる。そのゲームを複数の仲間と共同で進めることもできる。インターネットや、それに接続したスマートフォンは、多種多様な人々の求めに応じたサービスを提供してくれ、しかも、スマートフォンやノートパッドによって、時間や場所に制約されることなく、情報にアクセスできる魅力的な利点を多く持っている。そのため、その利便性やインターネットを介した人間関係に没入し、その魅力に捉われてしまうことがある。その程度は、個人個人で異なるであろうが、インターネットを利用し始めたり、携帯端末を使い始めたりした頃にこうした経験をする人は少なくない。

インターネット・ゲーム障害

　ゲーム機、スマートフォン、パソコンなどによるゲームをしている時間が長くなりすぎて、日常生活に支障をきたしているような状態に深く陥ってしまった場合を「インターネット・ゲーム障害」という。アメリカ精神医学会は、2013年の「精神疾患の診断・統計マニュアル（＝DSM-5)」に、今後研究が進められるべき精神疾患の一つとして「インターネット・ゲーム障害」を新たに提案している。また、WHOは2018年に新しい「国際疾病分類（ICD-11)」の案を公表し、嗜癖（addiction：嗜好が癖になってしまう状態）である「ギャンブル障害」と並ぶ形でゲーム障害を追加している（WHO 2018)。

第 12 章　情報化社会における問題と対応　**161**

　DSM-5 も ICD-11 においても、検討段階であるが、インターネット・ゲーム障害は情報化社会における新しいタイプの精神疾患といってよいであろう。ICD-11 では、ゲーム障害の規準として、①ゲームの継続時間、頻度、状況を制御できない、②ゲームの優先順位が高くなり、他の日常の関心事や活動に優先する、③問題が生じても、ゲームを続け、エスカレートしていることの 3 つの条件を挙げ、その結果、個人、家庭、学業、仕事などに重大な支障が出ている状態が、12 か月以上続く場合にゲーム障害と見なすとしている。このように、インターネット・ゲーム障害はテレビゲームやインターネット接続されたゲームへの依存が高い状態に限定されており、しばしば耳にする「ネット依存」より限局されたものとなっている。

ネット依存

　「ネット依存」とは、パソコンやスマートフォンなどの情報機器を、道具として使っていたはずのインターネットの中の特定の何かに心を奪われ、ネットを最優先で使わされている状態になっているということを指す。インターネットの普及に伴い、1990 年代前半からアメリカで提唱され始め、ネットゲームやチャットにのめり込む人たちが社会問題化した頃から「ネット依存」という言葉が使われ始めた。このネット依存を診断する尺度として、ヤング（Young 1998）が開発した 8 項目、ないしは 20 項目の基準がよく使われている。表 12-4 にその 20 項目の基準を示した。この尺度は、項目ごとに 1～5 点で評定し、その合計点が、70 点以上がネット依存傾向高、40～69 点がネット依存傾向中、20～39 点がネット依存傾向低と判定される。

　ネット依存に限らず、「依存症」とは、特定の何かに心を奪われ、「やめたくても、やめられない」状態になることを指す。その代表的なものとして、アルコール依存、薬物依存、ギャンブル依存などがある。この依存症は、アルコールや薬物といった精神に作用する化学物質に依存してしまう「物質依存症」と、ギャンブルやインターネット・ゲームのような特定の行為や過程に必要以上に熱中し、のめりこんでしまう「行為・過程依存」の 2 種類に分かれるが、ネット依存は「行為・過程依存」である。さらに、最近はインターネットを介した人間関係に依存しているタイプとしての「関係依存」も

162 第Ⅲ部　子どもの諸問題とその対応（教育相談の実際）

表 12-4　ネット依存尺度

1．気がつくと、思っていたより長い時間ネットをしていることがありますか
2．ネットを長く利用していたために、家庭での役割や家事（炊事、掃除、洗濯など）をおろそかにすることがありますか
3．配偶者や友だちと過ごすよりも、ネットを利用したいと思うことがありますか
4．ネットで新しく知り合いを作ることがありますか
5．周りの人から、ネットを利用する時間や頻度について文句を言われたことがありますか
6．ネットをしている時間が長くて、学校の成績や学業に支障をきたすことがありますか
7．ネットが原因で、仕事の能率や成果に悪影響が出ることがありますか
8．他にやらなければならないことがあっても、まず先に電子メールや SNS などをチェックすることがありますか
9．人にネットで何をしているのか聞かれたとき、言い訳をしたり、隠そうとしたりすることがありますか
10．日々の生活の問題から気をそらすために、ネットで時間を過ごすことがありますか
11．気がつけば、また次のネット利用を楽しみにしていることがありますか
12．ネットのない生活は、退屈で、むなしく、わびしいだろうと不安に思うことがありますか
13．ネットをしている最中に誰かに邪魔をされると、いらいらしたり、怒ったり、言い返したりすることがありますか
14．夜遅くまでネットをすることが原因で、睡眠時間が短くなっていますか
15．ネットをしていないときでも、ネットのことを考えてぼんやりしたり、ネットをしているところを空想したりすることがありますか
16．ネットをしているとき「あと数分だけ」と自分で言い訳していることがありますか
17．ネットをする時間や頻度を減らそうとしても、できないことがありますか
18．ネットをしている時間や頻度を、人に隠そうとすることがありますか
19．誰かと外出するより、ネットを利用することを選ぶことがありますか
20．ネットをしていないと憂うつになったり、いらいらしたりしても、再開すると嫌な気持ちが消えてしまうことがありますか

（Young 1998、邦訳：東京大学大学院情報学環橋元研究室）

依存症の一つであるという主張がある。ただし、先述のようにゲーム依存は依存症の候補の一つとして検討課題とされているものの、正式に認定はされていない。また、関係依存についても、特定の人に対する関係に依存し、その対人関係の不安定さを感じたとき、自暴自棄となったり、自傷などの衝動行為が見られたりするなど、精神的な問題を含み、治療の対象ではあるが、

どこまでが日常生活における頼り合い、支え合いであり、どこからが関係依存であるのかの線引きが難しく、医学的には関係依存症やネット依存症という病名はない。

しかし、いわゆるネット依存といわれる人々の示す問題行動は、依存症の患者が持つ特徴を示している。ネット依存傾向を持つ人は、①ネットにつながり続けたいという渇望、②その対象への渇望を原因とした獲得行動の制御困難、③ネットから離れたときや、しばらく使えないでいるときの不安やいらだちや発汗、手の震え、不眠などの離脱症状、④依存行動が徐々に頻繁になり、より欲望が強くなり、それを我慢するという耐性の減衰、⑤依存対象以外の事物への関心の低下、⑥社会生活や日常生活上の問題があるにもかかわらず、依存行動が継続することなどがみられる。

総務省 (2013) は、表12-4 のヤングのネット依存尺度を用いて、小学生から社会人までのネット依存傾向を調査しており、高校生において、ネット依存傾向中以上の依存度を示した生徒が50 %を超えていることを報告している (表12-5)。また、安心ネットづくり促進協議会 (2018) の調査では、ネット依存の自己評価を調査しており、高校生の53.0 %がネット依存をしている (「とてもそう思う」と「どちらかというとそう思う」の合計) と回答している。どちらの調査においても、高校生の依存が他の年齢層よりも概ね高くなっている。また、調査時期が異なるが、どの年齢層においても、ネット依存傾向の高群と中群の合計比率が、ネット依存意識よりも高くなっており、ネット依存傾

表 12-5　ネット依存傾向と、ネット依存意識　　　　　　(%)

	依存傾向 (総務省 2013)			ネット依存意識 (安心協 2017)			
	高	中	低	とてもそう思う	どちらかというとそう思う	あまり思わない	まったく思わない
小学生	2.3	16.4	81.3	2.6	32.9	32.9	54.2
中学生	7.6	35.7	56.8	4.0	30.6	40.3	15.5
高校生	9.2	50.8	40.0	9.7	43.3	39.0	6.5
大学生	6.1	45.0	48.9	—	—	—	—
社会人／保護者	6.2	37.3	56.6	3.5	19.4	49.2	20.0

164　第Ⅲ部　子どもの諸問題とその対応（教育相談の実際）

向が意識されにくくなっていることを示している。このように依存度が高くなると、なかなか意識されにくくなる。

4　犯罪への関与、犯罪被害の問題

情報化社会のリスク

　我々はEメールによって、情報伝達の即時性と、全地球的広がりを獲得した。Web（ホームページ）によって、世界に向かって情報を個人が発信できるようになった。音や映像などのアナログ情報のデジタル化機能は、携帯電話やスマートフォンにも搭載されることで、配布、掲示を簡単にした。これらの機能は融合し、SNSのようなコミュニケーションの新しい形態を生み出し、ブログ、Twitter、Instagram のような情報発信手段をも生み出した。

　これらの機能は、一方において、アダルト画像や暴力的表現といった子どもに悪影響を及ぼしかねない情報を量産している。また、メールやインターネット掲示板、SNS などのコミュニケーション・ツールの利用の際に、気軽に情報発信した結果が、思わぬ反響を呼んだり、犯罪行為となって処罰されてしまったりする危険性もある。あるいは、第三者に個人情報を知られてしまうなどのトラブルに巻き込まれる可能性もある。

　そこで、国は「青少年が安全に安心してインターネットを利用できる環境の整備等に関する法律」（2009年4月施行）を定め、青少年がインターネットを安全に安心して活用するためのリテラシー指標（ILAS：Internet Literacy Assessment indicator for Students）を策定し、青少年と保護者等のインターネット・リテラシー水準の向上を図るべく、実行計画・検討課題や対策について検討を行っている。この ILAS は、表12-6に示したように、3つの大項目と、合計7つの下位項目から構成されている。

インターネットの違法・有害情報

　このように、子どもに見せたくない情報、犯罪の方法、わいせつな画像、社会に悪影響を及ぼしかねない情報など多くの有害情報がインターネットには含まれている。これらの違法・有害情報を、総務省は、「違法な情報」と

第 12 章　情報化社会における問題と対応　**165**

表 12-6　インターネット上のリスクと対応に必要な能力

1.　インターネット上の違法コンテンツ、有害コンテンツに適切に対処できる能力【違法有害情報リスクへの対処能力】
1a.　違法コンテンツの問題を理解し、適切に対処できる。
1b.　有害コンテンツの問題を理解し、適切に対処できる。
2.　インターネット上で適切にコミュニケーションができる能力【不適正利用リスクへの対処能力】
2a.　情報を読み取り、適切にコミュニケーションができる。
2b.　電子商取引の問題を理解し、適切に対処できる。
2c.　利用料金や時間の浪費に配慮して利用できる。
3.　プライバシー保護や適切なセキュリティ対策ができる能力【プライバシー・セキュリティリスクへの対処能力】
3a.　プライバシー保護を図り利用できる。
3b.　適切なセキュリティ対策を講じて利用できる。

(安心ネットづくり促進協議会 2018)

「違法ではないが有害な情報」に分け、前者には「権利侵害情報」と「その他の違法な情報」に、後者については「公序良俗に反する情報」と「青少年に有害な情報」に分類し、それぞれについて国の行う対策・支援を示している（表 12-7 を参照）。

　このような違法・有害情報から子どもたちを守るためには、インターネット上のどのような情報が違法なのか、不適切な内容なのかを道徳や課外活動の中で、学校は教育していく必要がある。このメディアリテラシー教育の推進ならびに保護者等への啓発に努めることが学校には求められている。

　さらに、子どもたちがインターネットにおける違法・有害情報にアクセスしにくくするために、学校や家庭のインターネット接続時、あるいは携帯電話やスマートフォンの使用時に「フィルタリング」をすることが有効である。フィルタリングとは、インターネット上の Web ページなどの文章や画像について、違法・有害情報を一定の基準で評価、判別し、選択的に排除する機能のことである。これは、インターネットに接続する業者（プロバイダー）や携帯電話会社が、利用者の求めに応じてパソコンや携帯電話などからのアクセス時に、機能するように設定したり、個々の機器にインストールするソフ

166 第Ⅲ部　子どもの諸問題とその対応（教育相談の実際）

表12-7　違法・有害情報の分類と政府の対策・支援

	違法な情報		違法ではない情報	
分類	(1) 権利侵害情報	(2) その他の違法な情報	(1) 公序良俗に反する情報	(2) 青少年に有害な情報
内容	特定の他人の権利を侵害する情報	社会的法益侵害情報	人の尊厳を害する情報	青少年の健全な育成を阻害する情報
具体例	・名誉毀損情報 ・プライバシー侵害情報及び著作権や商標権を侵害する情報	・麻薬特例法違反 ・覚せい剤取締法違反 ・児童ポルノ公然陳列罪 ・わいせつ物公然陳列罪	・死体の写真 ・誹謗中傷 ・他人の個人情報の開示 ・犯罪方法につながる示唆 ・人種・国籍・宗教・性的指向などについて、攻撃、誹謗中傷するヘイト発言	・性的アダルト情報 ・出会い系サイトの広告や成人向けの情報 ・暴力を賛美する情報 ・残虐な写真
発信者の法的責任	あり	あり	なし	なし
国の対策	事業者による情報の削除等の自主的対策及び発信者情報開示による被害救済を支援	事業者による情報の削除等の自主的対策を支援	事業者による約款に基づく情報の削除等の自主的対策を支援	フィルタリングサービスの提供の促進
法律など	プロバイダ責任制限法及び関係ガイドライン	「インターネット上の違法な情報への対応に関するガイドライン」	「違法・有害情報への対応等に関する契約約款モデル条項」	青少年が安全に安心してインターネットを利用できる環境の整備等に関する法律

（総務省 2009）

トなどがある。つまり、子どもたちが家庭や学校でインターネットに接続したり、携帯電話などによってインターネットに接続したりするときに、子どもたちが違法・有害情報の掲載されたWebページを見ることができないように、学校や保護者が設定するのである。

　このフィルタリング機能の利用率であるが、内閣府（2018）によると、保護者が子どものインターネット使用を管理している割合は8割を超えているが、保護者のフィルタリングの認知については、ここ数年、約6割程度にすぎず、さらに、実際に、スマートフォンを使用してインターネットを利用している

青少年の保護者が、フィルタリングを利用している割合は 44.0 ％と低く、子どものインターネット使用を十分には管理できていないのではないだろうか。今後、学校からの情報だけでなく、官民も協力してフィルタリングの利用を推進していく必要があると思われる。

情報化社会におけるリスク回避と保護者・学校・教師の役割

　子どもたちがリスクを回避するためには、教師や保護者は日頃から、インターネットの特徴や、様々なリスクについて理解しながら、子どもを見守ることが重要である。また、インターネットのトラブルに巻き込まれた子どもたちやその保護者が学校や教師に相談することもある。子どもたちだけでなく、保護者にも向けたトラブルへの対処について、説明したり、アドバイスできる必要がある。日頃から学校や教師は、情報化社会におけるリスクやトラブルについて研修を積んでおくべきである。

　ただし、情報化社会の技術革新、新たなアプリケーションの開発などの進展は非常に早く、その解決方法を子どもやその保護者に教えるのに十分な知識を蓄えることは不可能である。問題の解決のための方法を子どもや保護者とともに考えたり、情報収集をしたりする手順を知っていることが重要である。具体的には、そこで生じている問題がどのような種類の問題かを見極め、そこから今後起きてくるかもしれないリスクを予想し、その種の問題はどこに相談すべきかを判断することである。たとえば、警察に相談すべきか、弁護士に相談すべきか、パソコントラブルの解決を専門に扱う業者に相談すべきかなどである。

　内閣府（2018）の調査によると、保護者の 90 ％以上が何らかの形でインターネットに関する啓発や学習の経験を持っており、その経験は、「学校の保護者会や PTA の会合などで説明を受けた」（61.9 ％）、「学校から配布された啓発資料などで知った」（61.2 ％）が上位を占めている。このように、子どもだけでなく、保護者のインターネットに関する学習の機会を学校が提供している。ところが、インターネットの利用などに関して、親と子どもの意識のギャップやコミュニケーション不足が指摘されている。

　たとえば、『インターネット社会の親子関係に関する意識調査』（国立青少年

教育振興機構 2018) では、日本・アメリカ・中国・韓国との国際比較を行っており、以下の3点について日本の親子関係の問題を提起している。第1は「インターネットの危険性などについて親からほとんど注意されない」割合が約30％と、4か国中もっとも高い点である。第2の問題点は、インターネットの危険性や利用におけるマナーなどについて、親から「ほとんど注意されない」と回答した割合が約3割で、4か国中もっとも高いことである。第3の問題点としては、携帯電話やパソコンの利用について「ルールを決めていて守っている」と回答した割合が約7割で、中国に次いで高かったが、利用時間について「ルールを決めていて守っている」と回答した割合は小学生41.7％、中学生で28.8％にとどまり、4か国中もっとも低く、親子間で使用のルールは決めているものの、親が十分に子どもを管理していない様子が窺われる。インターネットや携帯電話の使用ルールを親子で決めているものの、親が日常的に子どもとコミュニケーションを取って十分に管理できていない様子が窺われる。

5 情報化社会における教育相談

　子どもたちは、インターネット上の悩みやトラブルについて、そのことに自分より詳しい人に相談する。ところが、保護者や教師が、子どもたちの前で、「携帯などのことはわからない」、「新しいものにはついて行けない」といっていたら、子どもはネットトラブルに巻き込まれたとき、保護者や教師には相談しないであろう。トラブルに巻き込まれたとき、「その内容を親や先生に知られたくない」という気持ちも働くであろうが、「わからない人に相談しても仕方ない」という気持ちになるであろう。

　もちろん、保護者や教師はインターネットにおけるトラブルのすべてを解決する知識を持たねばならないわけではない。子どもたちより、物事の善悪や真偽を判断する力は、大人の方が格段に優れている。保護者や教師は相談できるサービスや団体があることを知り、適切に活用できればよい。子どもがネット上のトラブルの被害者にも、加害者にもならないように、大人の経

第 12 章　情報化社会における問題と対応　　**169**

験や知恵を活用し子どもを守るようにしたい。そのためには、「携帯・スマホ、SNS のことはわからない」などといって、目を逸らさないようにしたい。子どもとともになって学ぶ、という姿勢が大切である。

〈事例 1〉　いじめに関するチェーンメール

　A 男（小学校 6 年生）は、以下のようなことを友達から聞いた。

　「A 男がいじめを繰り返している。俺は許せない。みんなに知らせたいので、このメールを 4 人以上に送信してください。送信しない人は、A 男の仲間なんだよね」と、チェーンメールを促すメールが複数の生徒に送信された。A 男にとっては、思い当たるようなことはなく、事実無根の内容であった。A 男はこのようなメールが出回っていることをクラスメートの B 太から教えられ、保護者に相談した。保護者はそのことをクラス担任の C 先生に連絡した。

　課題 1　このような連絡を受けた担任は、どのように対応すべきか考えよ。

　課題 2　このような際、学校としてどのように対処すべきか考えよ。

〈事例 2〉　フィッシングサイトへのリンクが入ったメール

　女子生徒 A 子（高等学校 2 年生）へ、以下のようなメールの着信があった。このメールを受け取った A 子からクラス担任の B 先生に相談があった。A 子は Amazon で最近買い物をしたとのことである。

発信者：Amazon.co.jp 〈account-update@amazon.co.jp〉

件名：Amazon.co.jp にご登録のアカウント（名前、パスワード、その他個人情報）の確認

Amazon お客様

残念ながら、あなたのアカウント Amazon を更新できませんでした。

これは、請求先住所が変更されたなど、さまざまな理由で発生する可能性があります。

アカウント情報の一部が誤っている故に、お客様のアカウントを維持するため Amazon 情報を確認する必要があります。今アカウントを確認できます。

Amazon ログイン　←（筆者注：この部分は Amazon.co.jp へのリンクになっている）

なお、24 時間以内にご確認がない場合、誠に遺憾ながら、アカウントをロックさせていただくことを警告いたします。

パスワードを変更した覚えがない場合は、至急(03)-XXXX-XXXX までお電話ください。

課題1 このメールは Amazon のなりすましメールであるが、そのことをどのようにして確認したらよいか述べよ。

課題2 今後、担任の B 先生はどのようにアドバスしたらよいか述べよ。

〈事例3〉 Instagram へのスパム・コメントへの対応

　女子生徒 A 子（中学校 3 年生）は、最近スマートフォンを買ってもらい、Instagram を始めた。しばらくして、見知らぬ女性名からのタグが頻繁につけられ、「私のサイトも見てね」とか、「友達になってね」という誘いが来た。しかし、そのタグ先を見ると、本当に女性かどうかわからず、とても不安になった。このことを担任の B 先生に相談した。

課題1 あなたが、クラス担任の B 先生ならば、どのようにアドバイスするか。

課題2 Instagram などの SNS の利用について、クラス担任として、どのように指導するとよいか考えよ。

引用・参考文献

安心ネットづくり促進協議会　2018『青少年と保護者におけるインターネット・リテラシー調査』安心ネットづくり促進協議会

アメリカ精神医学会（American Psychiatric Association）　2013『DSM-5』（『精神疾患の診断・統計マニュアル』）医学書院

国立青少年教育振興機構　2018『インターネット社会の親子関係に関する意識調査』

総務省　2009『インターネット上の違法・有害情報への対応に関する検討会　最終取りまとめ―「安心ネットづくり」促進プログラム』

総務省　2013『青少年のインターネット利用と依存傾向に関する調査結果報告書』総務省情報通信政策研究所

内閣府　2018『平成 29 年度　青少年のインターネット利用環境実態調査』

原清治・山内乾史　2011『ネットいじめはなぜ「痛い」のか』ミネルヴァ書房

文部科学省　2016『教育の情報化加速化プラン』

WHO, 2018, *International Classification of Diseases 11th Revision*（*ICD-11*）. https://icd.who.int/

Young, K. S., 1998, *Caught in The Net: How to Recognize the Signs of Internet Addiction- and a Winning Strategy for Recovery*, Wiley.

171

児童虐待とその対応

第13章

1　児童虐待とは

　子育てと家族の近年の大きな課題の一つとして、児童虐待が挙げられる。児童虐待とは、親や親に代わる保護者が、故意かそうでないかにかかわらず、子どもの人権を侵害し、かつ子どもが望まない行為をすることを指す。児童虐待は、子どものその後の人間関係や自己肯定感に影響を及ぼす可能性が考えられる。そのため早期の予防・発見と適切な介入・支援が重要である。

虐待の状況

　現在、児童虐待の相談対応件数は年々増加する一方である（図13-1）。児童虐待の約半数が乳幼児期に行われ、3割以上が児童期に行われている。子どもの年齢が小さいほど、虐待がその後の成長・発達に及ぼす影響は深刻で、親子関係の修復にも時間がかかる。本章では、このような児童虐待はなぜ起こり、増加し続けるのであろうか。その要因や予防的な対応、支援について述べていく。

虐待の定義と種類

　児童虐待の防止等に関する法律（児童虐待防止法、2000年制定）では、「児童虐待」とは、保護者（親権を行う者、未成年後見人その他の者で、児童を現に監護するものをいう）がその監護する児童（18歳に満たない者をいう）について行う行為であり、厚生労働省は以下の4つに分類し、例示している。

　①　身体的虐待　　子どもの身体に外傷が生じ、または生じる恐れのある暴行を加えること。たとえば、一方的に暴力を振るう、冬に戸外に締め出す、部屋に閉じ込めるなどの行為などが含まれる。

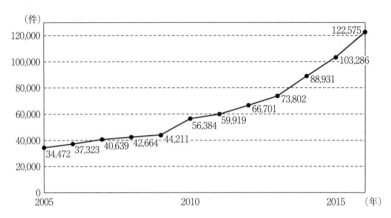

図 13-1　児童相談所での児童虐待の相談対応件数とその推移

(厚生労働省 2017)

　②　性的虐待　子どもにわいせつ行為をすること、または子どもを性的対象にさせたり、見せたりすること。たとえば、子どもへの性的暴力、自らの性器や性交を見せつけたり、強要する行為などが含まれる。

　③　ネグレクト(育児放棄、監護放棄)　子どもの心身の正常な発達を妨げるような著しい減食や長時間の放置、保護者以外の同居人による虐待行為の放置、その他の保護者としての監護を著しく怠ること。たとえば病気になっても病院に受診させない、暑い日差しの当たる車内に放置する、食事を与えない、下着などを不潔なまま放置するなどの行為が含まれる。

　④　心理的虐待　子どもに対する著しい暴言、または著しく拒絶的な対応、子どもが同居する家庭における配偶者に対する暴力、配偶者の身体に対する不法な攻撃であって、生命または身体に危害を及ぼすもの、およびこれに準ずる心身に有害な影響を及ぼす言動をいう。子どもに著しい心理的外傷を与えるその他の言動を行うこと。たとえば、言葉による暴力、一方的な恫喝、無視や拒否、自尊心を踏みにじるなどの行為などが含まれる。

虐待のリスク要因

　虐待のリスク要因は、一つとは特定されにくく、様々な要因が重なり合って生じたときに起こりやすい。厚生労働省の『子ども虐待対応の手引き(改

正版)』（厚生労働省 2013）では、虐待のリスク要因として、①保護者側のリスク要因、②子ども側のリスク要因、③養育環境のリスク要因、④その他虐待のリスクが高いと想定される場合の4つに大きく分類している。

　保護者側のリスク要因には、妊娠、出産、育児を通して発生するものとして、望まぬ妊娠である場合、また望んだ妊娠であったとしても、出産後の長期入院により子どもへの愛着形成が十分行われない場合などがある。保護者自身の性格や、精神疾患等の身体的・精神的に不健康な状態から起因するものとして、妊娠、出産を通してマタニティブルーズや産後うつ病等に陥る場合が考えられる。また、親自身のパーソナリティ（人格）が未熟なことから、子どもの気持ちを理解、共感することが苦手で、自分の「怒り」や「不満」、「不安」に意識が強く焦点化する傾向があるため、虐待を受けている子どもの「恐怖」や「悲しみ」などを感じにくい傾向が見られる。さらに、価値観の問題がある。子どもとはどのような存在か、また、子どもを育てるとはどういうことかという、子ども観、子育て観が極端に偏っている場合（たとえば、子どもとは体罰などを使ってでも厳しくしつけないといけないなど）。また、自分優先の価値観が強い（どうしても買い物をしたいから、子どもを一人で車内に置いておくなど）場合に、虐待につながりやすい可能性が考えられる。

　子ども側のリスク要因として、子ども側の特徴が考えられる。親が子育てをするうえで、精神的、身体的に負担を感じやすい子どもたちである。たとえば、低出生体重児や発達障害の特性を持っている子どもである。また、行動面では「多動」、「不注意」、「反抗的」、「動作が遅い」などの特徴が見られる子どもたちである。

　養育環境のリスク要因としては、未婚を含む単身家庭、内縁者や同居人がいる家庭、子ども連れの再婚家庭、夫婦をはじめ人間関係に問題を抱える家庭、転居を繰り返す家庭、親族や地域社会から孤立した家庭、生計者の失業や転職の繰り返し等で経済不安のある家庭、夫婦の不和、配偶者からの暴力等、不安定な状況にある家庭などが考えられる。また、養育環境のリスク要因は、妊娠中であれば定期的な妊婦健康診査を受診しない等、胎児および自分自身の健康の保持・増進に努力しないことが考えられる。出産後であれば、

定期的な乳幼児健康診査を受診しない等が考えられる。

2　虐待の予防・発見と適切な介入・支援

　被虐待児への支援、保護のために、児童虐待防止法に基づいて、市町村は「要保護児童対策地域協議会」（以下、地域協議会と略記する）を設置し、児童相談所、関係諸機関（児童福祉関係、保健医療関係、教育関係、警察・司法関係、弁護士会、人権擁護関係などの機関）によって構成されている。虐待の疑いが通告されると、地域協議会では、児童相談所が中心となって、関係諸機関からの情報を整理し、虐待のリスクをアセスメントし、関係諸機関の調整と連携の体制を整える（図13-2参照）。

　支援の内容としては、リスク低減のために、親に対する子育てのアドバイスや支援を計画したり、医療的な対応が必要な場合には、適切なケアを計画したり、虐待のリスクが高いと判断すると、子どもを親と分離させ、児童相

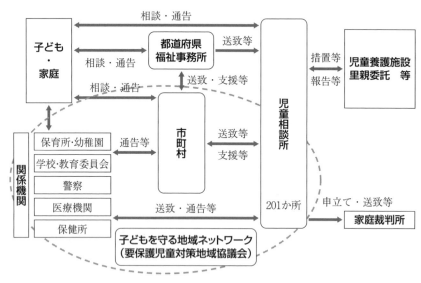

図13-2　地域における児童虐待防止のシステム
（厚生労働省　https://www.mhlw.go.jp/za/0825/c05/pdf/21010709.pdf）

談所による一時保護、里親への委託、乳児院、児童養護施設などへの入所などの対応や措置を決定し、保護対策を実行する。また、それら一連の対応に伴い、親子が離れ離れになることから生じる心理的な不安や動揺、さらには将来への希望などへの配慮も計画的に行う。

　学校や教師は、このような児童虐待防止のシステムをよく理解し、児童虐待の防止、早期発見に努めることが必要である。特に、学校は子どもと長い時間をすごす場所であるので、教師は虐待を早期に発見しやすい立場にあることを自覚しなくてはならない。

表13-1　虐待を疑うための3つの「変」

子どもが変

・表情が乏しい
・触られること、近付かれることをひどく嫌がる
・乱暴な言葉遣い、あるいは極端に無口
・大人への反抗的態度、あるいは顔色を窺う態度
・落ち着かない態度、教室からの立ち歩き、家に帰りたがらない
・嘘や単独での非行（万引きなど）、家出、性的に逸脱した言動
・他人へのいじめや生き物への残虐な行為
・集中困難な様子（白昼夢）
・持続的な疲労感、無気力
・異常な食行動（拒食、過食、むさぼるように食べる）
・衣服が汚れている、着替えをしたがらない
・頻繁に保健室に出入りする
・理由の不明確な遅刻や欠席が多い、あるいは急に増えた

保護者が変	**状況が変**
・感情や態度が変化しやすい、イライラしている、余裕がないように見える ・表情が硬い、話しかけても乗ってこない ・子どもへの近付き方、距離感が不自然 ・子どもの普段の様子を具体的に語らない ・人前で子どもを厳しく叱る、叩く ・弁当を持たせない、コンビニの物で済ませる ・連絡が取りにくい ・家庭訪問、懇談などのキャンセルが多い、行事に参加しない ・「キレた」ような抗議をしてくる ・家の様子が見えない	・説明できない不自然な怪我、繰り返す怪我 ・体育や身体計測のときによく欠席する ・低身長や体重減少 ・親子でいるときに子どもが示す親を窺う態度や表情の乏しさ、親がいなくなると急に表情が晴れやかになる ・子どもが熱を出したり、具合が悪くなったりして保護者に連絡しても、緊急性を感じていない素振りが窺える ・その家庭に対する近隣からの苦情や悪い噂が多い

（文部科学省 2015 より筆者作成）

176　第Ⅲ部　子どもの諸問題とその対応（教育相談の実際）

　教師は、子どもの様子が、「何か変だ、虐待かもしれない」と思ったら、他の教師などと情報交換をし、情報を収集・総合し、対応について校内で協議したうえで、学校長の判断に基づいて、速やかに市町村、ないしは児童相談所等へ通告しなくてはならない。しかし、何らかの理由により学校として通告できないときは、守秘義務違反に問われることはないので、虐待を疑った教職員個人の判断で通告するべきである。表13-1には、文部科学省が児童虐待に取り組む教員研修のために作成した教材『児童虐待防止と学校』（文部科学省 2015）に示された、虐待を疑うべき「何か変」の内容をまとめたものである。児童虐待の早期発見のために役立ててもらいたい。

　ところが、保護者等との信頼関係を考えて、「虐待でなかったらどうしよう」、「後から恨まれるのではないか」と通告をためらう気持ちになるかもしれない。一方、子どもにそれとなく聞いたとしても、子どもは自分から「虐待されている」とは言い出すことはほとんどない。しかし、どんなにつらくても、自分から保護者を悪くいうことはできないで、苦しんでいることもある。学校には、教育の専門機関として、子どもを守るために、毅然とした対応が求められているのである。

〈事例1〉　発達の遅れと、子どもとの関係の薄い母親

　幼稚園女児T子（3歳）は、幼稚園での毎日の生活の流れは理解できているが、生活発表会や運動会などの、日常とは異なる生活の流れの変化がわからないのか、対応ができない。教師が丁寧に言葉で説明しても、細かい活動内容の理解は難しい。また、話しているときに教師の顔を見ることがほとんどなく、感情の表出もあまり見られない。歌や手遊びは好きであるが、他の子どもと一緒に楽しむことはなく、一人で遊んでいることが多い。食事は噛む力が弱く、好き嫌いも多く、白いご飯以外はほとんど口にしない。ご飯も噛むというよりは、少しずつ口に入れて時間をかけて飲み込むような様子が見られる。身体も小さく痩せている。言葉は単語や二語文（帽子、嫌）（赤い靴）は話せるようになってきているが、一方的で教師の問いかけ（絵本見る？）に応えることはない。

　担任のY先生は、T子の身体的、言語的、社会的な発達が心配で、家庭での

生活の様子を聞いて支援の方法を共有しようと、Ｔ子の様子を毎日のお迎えの時間に細かく保護者に伝えてはいるものの、「Ｔ子は心配ないです」の一点張りで、なかなか話し合うことができない。お迎えの時間のときも保護者が来ていることに気付いているにもかかわらず、Ｔ子はお構いなしに、運動場に走り出していき、保護者もＴ子に声をかけることもなく、ただぼんやりしていて、Ｔ子はいつまでも運動場を走り回り、帰ろうとしない。

課題1 Ｔ子と母親との関係について心配なことを考えよ。

課題2 Ｔ子の発達の遅れの背景に何が考えられるか、考察せよ。

〈事例2〉 実父と暮らすようになって、不登校となった生徒への対応

　男子生徒Ａ男（中学校1年生）は父方の祖父母宅に住んでいたが、新学期の4月になり、実父宅に引き取られた。1学期の終わり頃になると痩せて、学校を休むことが増えたので、担任が声をかけ、相談を促すが、「何もない。大丈夫」と話す。10月からはまったくの不登校状態となった。1学期の終わりから2学期にかけ、何回か家庭訪問をしたが、継母に面会を拒絶され、会うことができない。逆に「虐待しているというのか」と凄まれてしまった。友人もＡ男に会いに行くが会えなかったことを担任に話していた。学校は11月に児童相談所に不登校を相談したところ、そのことで、実父や継母から、学校に対して抗議があった。翌年1月に、友人が訪問するが会えずに、家の中のＡ男からは「僕もしんどいからもう来ないで」と応答があったという。

（国立青少年教育振興機構『平成20年度全国青少年相談研究集会報告』より一部改変）

課題1 Ａ男はどのような問題を抱えているのだろうか。

課題2 クラス担任は、このような事態を受け、どのように行動すべきだろうか。

引用・参考文献

厚生労働省　2013『子ども虐待対応の手引き（平成25年8月改正版）』厚生労働省雇用均等・児童家庭局総務課

厚生労働省　2017『平成28年度福祉行政報告例の概況』

文部科学省　2015『研修教材　児童虐待防止と学校』

配慮が必要な子どもの理解と対応

第14章

1 発達障害者支援法とインクルーシブ教育

　この章では、特に発達障害などの背景を持つ、配慮が必要な子どもたちへの理解や対応の仕方を考える。

　従来、障害を持った児童生徒に対する教育は「特殊教育」といわれ、知的障害、肢体不自由、身体虚弱、弱視者、難聴等がその対象とされてきたが、これらの障害以外に、「わかりにくい障害」といわれる発達障害を対象とした「発達障害者支援法」が2004年12月に成立し、2005年には中央教育審議会から『特別支援教育を推進するための制度の在り方について（答申）』が出され、2006年の学校教育法改正によって、障害の範囲は、発達障害をも含む「特別支援教育」へと大きく方向転換した。さらに、2006年12月、国連総会において「国連障害者の権利条約」が採択され、この条約の締結に必要な国内法の整備の後、2014年1月に我が国は批准した。

　こうしたことを背景にして、共生社会の形成に向けたインクルーシブ教育システム構築のための特別支援教育が推進されるようになった。文部科学省(2012)によれば、インクルーシブ教育システムとは、人間の多様性の尊重の強化、障害者が精神的および身体的な機能等を最大限度まで発達させ、自由な社会に効果的に参加することを可能とするとの目的のもとに、障害のある者とない者がともに学ぶ仕組みである。つまり障害のある者が一般的な教育制度から排除されないこと、自己の生活する地域において初等中等教育の機会が与えられること、個人に必要な「合理的配慮」が提供されることが必要ということである。

2 学級等で見られる配慮が必要な子どもたち

　幼稚園、小学校、中学校で、教師が学級経営や授業運営において、何らかの支障をきたす子どもを「気になる子ども」という言葉を使うことがしばしばある。特に上記のような特別支援教育の重要性や、インクルーシブ教育の流れの中で、普通学級に「気になる子ども」がいるが、明確に障害を持っているのかどうか判断に苦しむことがよくある。文部科学省が指摘するように、教室で見られる気になる子ども、困った子どもたちは、発達障害の背景を持つことも少なくない。

　特に幼稚園や小学校の低学年では、年齢が低いために、障害があるかもしれないが診断がついていない場合もある。子どもが示す気になる行動が障害によるものか、環境のためなのかがわかりにくい場合が多い。

　元来、「気になる」というのは、教師の個人的感覚であるが、何が気になるのかという視点で分類すると、ある程度の共通項がある。太田・石田 (2009) は、小学校の教師による気になる子どもの自由記述から、表14-1のような特徴にまとめている。また、久保山ほか (2005) は、幼稚園・保育所の教員・保育士の自由記述によるアンケートの結果から、「気になる子ども」の気になる点を、①発達上の問題、②コミュニケーション、③落ち着きがない、④乱

表 14-1　学校で「気になる子ども」のタイプ

タイプ	内容
不適切行動児	周囲の目を意識し（周りの気を引こうとして）、不必要な言動をする児童
多動児	多動傾向があり、授業中立ち歩くなど、落ち着きのない児童
友人関係不適応児	友人から避けられている傾向があり、友だちの輪に入れてもらえない児童
消極児	おとなしくて、自分から積極的に友だちの輪に入っていけない児童
孤立児	友だちを必要とせず、一人で行動しがちな児童
感情不制御児	キレやすい児童
規則不適応児	ルール（学級で決めたルール）を守らない、守れない児童

180　第Ⅲ部　子どもの諸問題とその対応（教育相談の実際）

暴、⑤情緒面での問題等が目立つとしている。

3　学級での支援

　配慮を要する子どもたちが学級生活の中で、いきいきと生活し、学習効果を上げるためには、物的環境（学習場所としての環境）と人的環境（学習集団作り、学習習慣の育成など）に配慮した学習環境を整えることが必要である。

物的環境

　発達障害を持った児童生徒がいる学級では、黒川（2010）は、以下のような配慮をしていると報告している。その第1は掲示物や座席の配置など、できるだけ余計な刺激をなくしすっきりとした教室環境を心がけることである。そのために、教室の前面はできるだけ余計なものを置いたり、貼ったりしないこと、どうしても必要な掲示物などは、授業中は目に入りにくい、背面や側面に貼るとよいとしている。また、学級目標や週の目標など目立たせたいことは、その言葉だけが目立つようにする。

　第2には、担任の指導を受ける位置を明確にし、固定的にするような配慮である。授業中に子どもたちが担任のところにノートやプリントを持って来るときには、教卓の近くに子どもが待つ位置を示すマークを書き、子どもが迷わずに並べるようにすることによって、子ども同士のトラブルを防ぐ等の工夫を報告している。

人的環境

　発達障害の傾向のある子どもたちは特徴的な行動や言動などが原因で、周囲の子どもたちとの人間関係がスムーズにいかなくなり、安心して学び合える学級生活が営めなくなることがあるので、担任の関係調整や指導が必要となる。

4　障害の種類に対応した支援

　それぞれ異なる困難を抱えて学校生活を送っている子どもたちには担任の

配慮や関わり方が重要となる。学級の子どもたちが、学習活動や学級生活を楽しくすごすためにも必要なことであることを理解させるようにしたい。そのためには、状況に応じた担任の支援や配慮を子どもたちが理解できるように説明するとともに、担任と学級の子どもたちが学習環境を積極的に整えて学習や生活ができるようにすることが大切である。担任と学級の子どもたちが協働して、配慮の必要な子どもたちの成長を支援し、自らも成長することを学級生活の体験を通じて理解させたいものである。

また、困難を抱えた子どもの保護者にも配慮が必要である。発達障害は障害かどうかわかりにくいため、保護者が障害に気付かず、育てにくい子どもとしか思っていなかったり、障害があると認めなかったりすることも少なからずある。そのようなとき、担任が安易に障害名を口にすることで保護者の反発や不信感を招いてしまうことがある。

大切なのは、困難を抱えた子どもが自分自身についてどのように感じているかを理解することである。特に悩んだり苦しんだりしているときには、その気持ちを受け止めるように心がけたい。そのうえで、その困難さが、どのような問題を生じさせているかを、教師と保護者がともに把握し、その問題に対する具体的な対策について、共通の認識を持つことが必要である。

また、近年では、ほとんどの学校に、後に述べる「特別支援教育コーディネーター」が任命され、特別支援教育のための校内委員会が設置されている。教師が特別支援教育の必要性を感じたときは、これらの校内専門委員会に問題とその対応について検討を諮るようにしたい。

発達障害の特徴については、第7章に述べたので、以下では主な発達障害と、それぞれの障害に対応する具体的な方法の例を示す。

自閉症スペクトラム障害（ASD）

自閉症スペクトラム障害とは、コミュニケーションや言語に関する症状があり、常同行動などの症状も示す障害であり、従来からいわれている典型的な自閉症だけでなく、もっと軽い状態が含まれる一群の症候群である。自閉症スペクトラム障害を持った子どもたちには、知的能力は健常児と変わらない子どもも多くおり、いいことをしたり長所を見つけたりした際は積極的に

182 第Ⅲ部 子どもの諸問題とその対応（教育相談の実際）

ほめるように心がけたい。彼らはほめられたことは長く覚えているので、成長のきっかけにつながる。また、曖昧な表現で伝えると、うまく伝わらないことが多いので、「教室を掃除して」ではなく「ほうきを使って教室の床をきれいにしてね」というように具体的な表現がよい。暗黙のルールは通用しにくいので、ルールは可能な限り明確にし、その子どもの能力で実行できる範囲内でのものにする。

限局性学習障害（LD）

限局性学習障害児は、全般的な知的発達に遅れはないが、「聞く」、「話す」、「読む」、「書く」、「計算するまたは推論する」などの能力のどれか一つ以上に障害を持っており、学業に困難を抱えている。ちょっと見ただけでは、障害を感じにくく、保護者もその症状に気付いていないことがよくある。

このような限局性学習障害の傾向のある子どもは、その様相が個々によって異なるので、一人ひとりに応じた支援法や教材を見出す必要がある。限局性学習障害を抱えた子どもは、やる気があるのにもかかわらず、勉強に支障が出ていることが多い。子ども自身は一所懸命にやっているのに、なぜだかうまくできないと悩んでいることがしばしばある。そんなときに「なんでできないの」と子どもを責めたり、叱ったりするのではなく、子どもの気持ちに寄り添い、一緒にどうすれば学びやすいかを考える姿勢で臨むことが大切である。

注意欠陥・多動性障害（AD/HD）

注意欠陥・多動性障害の特徴は、不注意（集中力のなさ）、多動性（落ち着きのなさ）、衝動性（順番待ちができないなど）の３つの特性を中心とした発達障害である。AD/HDの子どもたちは、集中力が持続せず、継続的に物事に取り組めないために、一見すると、飽きっぽいとか、反抗的とか見られてしまうことがある。あるいは、結果を考慮できず、すぐに行動に移す傾向があるために、我慢できない子どもとか、自己中心的と捉えられてしまうことがある。また、じっとしていられず、貧乏揺すりなど絶えず動いているので、落ち着きのない子と見られることも多い。

AD/HDの子どもはその症状が誤解を受けやすく、しつけがされていない

とか乱暴者といった否定的な評価を受けやすく、つらい思いをしている場合がある。また、保護者も、育て方が悪いとの誤解を受けることがある。あるいは、周囲が困っているにもかかわらず、本人も保護者も悩んでいるようには見えない場合もある。しかし、往々にして保護者は長い間一人で抱え込んでいて、相談することもできないでいることがあり、保護者が安心して心を開いて、相談できる雰囲気作りが大切である。

AD/HD は生まれつきの脳の発達の偏りが関係していると考えられており、育て方やしつけによって起こるものではないので、本人を責めたり保護者を追い詰めたりすることにならないよう、注意が必要である。

5　保護者との関係作りと支援

配慮を要する子どもを抱えた保護者は、学校や担任に対して「障害」を持つ子どもとして見られたり、「手のかかるやっかい」な子どもとして見られたりすることを嫌がることが少なくない。そのため保護者は学校や担任と連携したり、協働したりすることに対して警戒していたり、消極的であったりする。保護者が安心して担任と子どもの問題を話し合えるように、まずは保護者の話を傾聴し、いろいろな手立てをともに考えられるような関係作りをする。そしてこれまでの家庭での関わり方や苦労や現在の悩みをじっくり聴き、共感的に接する。さらに、家庭での関わり方と学校での支援の方法を話し合い、短期、長期の目標を設定・共有し、それぞれが同じ目標に向かって取り組んでいくことを確認しつつ、状況に応じて互いに検討を繰り返していく。また、保護者の理解と了解が得られれば、学級内の他の保護者の理解と支援が得られるようにすることも必要である。

6　校内体制と特別支援教育コーディネーターの役割

文部科学省は、ここで述べてきたような「わかりにくい障害」を持った子どもへの対応を検討し、2003 年に報告書『今後の特別支援教育の在り方につ

いて』を発表し、障害児支援のための教育の枠組みを「特殊教育」から「特別支援教育」へと大きく転換し、従来の障害概念には含まれていなかった発達障害のような障害をも含むものへと拡大した。続けて、この報告書に沿った改革として、学校教育法などを改正するとともに、2007年に通知『特別支援教育の推進について』を発出し、すべての学校が特別支援教育に対応できる体制の整備と取り組みの方向性を示している。その体制作りのための重要な役割として、「特別支援教育コーディネーター」を校務分掌に明確に位置づけることを求めている。

特別支援教育コーディネーターとは

　通知『特別支援教育の推進について』（文部科学省 2007）によれば、特別支援教育コーディネーター（以下、コーディネーターと略記する）とは各学校における特別支援教育の推進のため、主に、校内委員会・校内研修の企画・運営、関係諸機関・学校との連絡・調整、保護者からの相談窓口などの役割を担う者であり、学校長によって教員の中から指名されたものである（教育課程部会特別支援教育部会 2015）。

　2017年度の文部科学省の調査によると、国公立の幼稚園・小中高等学校においては、概ね90％以上の学校においてコーディネーターを指名しており、95％以上の学校が校内委員会を設置しており、組織体制としては十分整ってきている。特別支援を必要とする児童生徒がいる学校の概ね90％の学校では個別の指導計画や教育支援計画の作成を行っており、実施体制はほとんど整っているといえる。しかし、専門家チームの活用を行っている学校は概ね55％、特別支援教育に関する教員研修の受講済みの学校は70％程度とやや低く、今後は特別支援教育の質を高めるための研修などの充実が望まれる。

特別支援教育コーディネーターの役割

　コーディネーターの役割は、それぞれの学校で特別支援教育を推進することであり、特別支援教育に関わる教育活動は多岐にわたる。

　国立特殊教育総合研究所がまとめた『特別支援教育コーディネーター実践ガイド』（国立特殊教育総合研究所 2006）によれば、コーディネーターの役割は、図14-1に示したような支援の各過程で、関わり合う人たちをつなぎ、知恵と

力を引き出し、児童生徒への支援に結びつけていくこととされている。

特別支援教育の推進のための学校長の役割

　コーディネーターを中心とした全校的な支援体制を整備するのは、リーダーとしての校長の指導力が大きい。コーディネーターが効果的な活動ができるよう、コーディネーターの力量形成を校長は支援しなければならない。

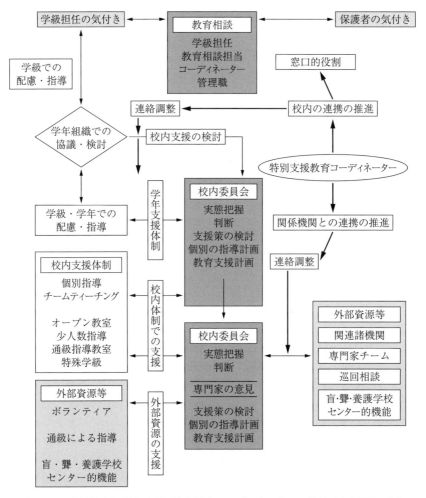

図14-1　個別支援の流れと特別支援教育コーディネーターの役割（小中学校の例）

186　第Ⅲ部　子どもの諸問題とその対応（教育相談の実際）

そのために外部や校内での研修への支援が必要である。これらと併行して、支援体制の中心となる校内委員会の設置、全校の児童生徒・保護者、関係機関や、地域住民等への特別支援教育への積極的な理解や支援を広めるために働きかけることである。

〈事例1〉　発達障害の傾向のある子どもへの配慮をした学級作り

　男子児童Y男（小学校3年生）は、2年生のときAD/HDと自閉症スペクトラム障害の合併症と診断を受けていた。2年時の学級では、授業中落ち着きがなく、突然、言葉を発したり、教室を歩き回ったりしていた。担任に注意を受けることが頻繁にあり、周囲の子どもたちから困った子と思われていた。

　3年時の担任は、Y男への配慮や学級の子どもたちへの配慮を次のように行った。①学級の始まりに、担任は子どもたちに向かって一人ひとりがいきいきと生活し、みなが楽しく学び合えるようにと学級作りへの考えや思いを話した。②そのために、学級での約束事や決まりについて子どもたちと話し合って作り、その内容をわかりやすく、明確に書いて掲示した。③学級の掲示物は、必要最小限にとどめた。④一日やその他の日程等は、突然変更せず、極力予告を行い、またY男へは個別にも伝えた。⑤学級の係活動などは、わかりやすく絵や写真などを使って掲示した。⑥Y男の座席は、担任に近い席にした。

　課題1　①で、担任が学級の子どもたちに語りかけた内容について、あなたが担任だったらどのように語るのかを、あなたの言葉で考えよ。

　課題2　学級での特に配慮の必要な子どもへの支援について、学級の子どもたちに理解を得ることが、どうして必要なのかを考えよ。

〈事例2〉　LD傾向のある子どもへの対応

　女子児童A子（小学校4年生）は、担任の先生が授業中に書く黒板の文字をうまく書けなかったり、書くのに時間がかかって、授業中には最後まで書けなかったりした。しかし、書くことは苦手だが、学習の理解力は高かった。話を聞いて理解することや記憶力は高く、知的には問題なかった。しかし、ペーパーテストでは、時間の制限があるためにA子自身の能力を発揮できなかった。担任はこのままではA子の自己肯定感が次第に低くなり、様々なことへの意欲の低下が予想されると考え、学校全体の支援委員会で支援の方向性を検討した。その結果、保護者との面談を行い、A子の状況を保護者と確認をしながら、学

習への支援について話し合い、保護者や本人の了解を得て、授業中での学習支援員の要請や通級教室による学習支援を行うことにした。

課題1 あなたがこのような子どもを担任したら、まず、何をしようとするのか考えよ。

課題2 配慮を要する子どもへの支援を考えるうえで、重要なことは何か考えよ。

引用・参考文献

太田紗織・石田靖彦　2009「特定児童に対する教師の指導行動に関する研究」『愛知教育大学教育実践総合センター紀要』第12号、pp. 323-328

金丸慣美　2011「特別支援教育コーディネーターの役割」春日井敏之・伊藤美奈子編『よくわかる教育相談』ミネルヴァ書房

教育課程部会　特別支援教育部会　2015『特別支援教育コーディネーターを中心とした校内体制の確立等について　資料8』

久保山茂樹・齊藤由美子・西牧謙吾・當島茂登・藤井茂樹・滝川国芳　2005「『気になる子ども』『気になる保護者』についての保育者の意識と対応に関する調査―幼稚園・保育所への機関支援で踏まえるべき視点の提言」『国立特別支援教育総合研究所研究紀要』第36号、pp. 55-76

黒川君江編　2010『教室から伝えたい特別支援教育』明治図書

国立特殊教育総合研究所　2006『特別支援教育コーディネーター実践ガイド』国立特殊教育総合研究所

中央教育審議会　2005『特別支援教育を推進するための制度の在り方について（答申）』

文部科学省　2007『特別支援教育の推進について（通知）（19文科初第125号）』

文部科学省　2012『共生社会の形成に向けたインクルーシブ教育システム構築のための特別支援教育の推進（報告）』

文部科学省　2017『平成29年度特別支援教育体制整備状況調査結果について』

子育てと家族の問題への対応

第15章

　本章では、対応の難しい保護者支援に関して、まず、保護者が抱えている子育ての悩みの背景や心理的な側面、具体的な内容について概説する。そのうえで、保護者の悩みの大半を占める子どもの発達に関して、幼児教育の専門家として、発達支援の方法や、発達をどうアセスメントしていくかについて述べる。

　保護者の悩みをまずは受け止め、保護者が安心できる関係を作ることこそが最初のステップである。そのような関係性の中で、教師が子どもと関わることの楽しさを全身で表現し、具体的に伝えることで、保護者の子育てに対する視点や意識も徐々に変化する。

1　子育ての悩み

　子どもを育てる親は、いつの時代も様々なことに悩みながら毎日の子育てに向き合っている。初めて子どもを授かり、子育てを始めたばかりの親から「子育てがちゃんとできているか心配」、「子どもを怒ってばかりいるお母さんになっているように思えて怖い」などといった、「親としてちゃんとやっているといえるだろうか」とか、「うまく子育てできているのだろうか」、といった不安を教師に語ることが少なからず見られる。現代社会における「子育て」の悩みを様々な側面から検証しながら、同じ現象が見方によってポジティブな側面として捉えられるという視点から子育てについて考察する。

子育てを取り巻く環境の変化—家族形態の変化

　家族とは「婚姻と血縁を基礎とし、夫婦を中心に、その近親者とともに営まれる生活共同体」と定義される (経済企画庁 1983)。しかしながら、事実婚

のような婚姻形態や、ステップファミリー（血縁を前提としない親子関係や兄弟姉妹の家族関係。たとえば子どもを伴った再婚など）も増加しており、家族の形態は多様化している。家族形態における核家族の割合は近年増加傾向にあり、一人親家庭や離婚・再婚の増加も見られる。

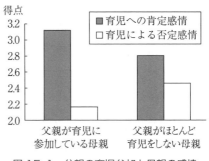

図15-1　父親の育児参加と母親の感情
（柏木・若松 1994）

　このような現象が子育てに及ぼす影響として、主たる養育者である母親の身近な家事・育児のサポート源が夫一人、もしくはない場合が多く、さらに頼みの綱である父親の育児への協力が少ない母親ほど、子育てに対する否定感情が高いことが示唆されている（図15-1）。

　離婚などの家族形態の変化は、子どもへの何らかの心理的影響があることが考えられる。しかしながら、両親間の不和やけんかの場面などに巻き込まれている状態が長く持続する方が、子どもの心理的な負担が大きくなる場合もある。離婚に伴う生活環境のネガティブな変化（経済的な理由による引越しや学業の継続が困難になること）や、両親の不和の原因が自分にあると思い込んでしまうことによる自己否定感など、配慮が必要な変化が認められた場合は、教師は子どもの気持ちをじっくり聴くことが大切である。と同時に、相談相手の少ない親の相談相手になることも考えられる。その際、すべてを自分で抱え込んでしまうと、教師自身が疲れてしまい、途中で相談を聴くことが嫌になってしまうことがある。園の上司や園と問題を共有し連携して対応していくことが、親子にとてもよい環境になることが多い。

　また、園に限らず、医療機関や児童相談所など学外の機関とも連携し、ケースに応じて、親子がどこに、誰に相談すれば安心できるのかというコーディネート力を持つことが必要である。親や子どもたちの相談を聴く際には、「相談を聴く」ということは、正しい選択肢やアドバイスを与えることだけではなく、相談している親や子どもたちが、落ち着いて考え、自分を肯定的

190　第Ⅲ部　子どもの諸問題とその対応（教育相談の実際）

に捉え、主体的に自らの判断を下すまでのプロセスを一緒に体験することであるという視点を併せて持つことが大切である。

子育てを取り巻く環境の変化―家族機能の変化

　マードック（1978）によると、家族の機能は、①性的機能、②生殖的機能、③経済的機能、④教育的機能の４つに分類されるとあるが、現在の家族においては、精神的な安らぎや、子どもの情緒や社会性を育む機能が家族に求められているように思われる。その中で、従来、家族機能の一部であった子どもの養育・教育や食事などが、家族外の専門機関により代行される家族機能の外部化（externalization）現象が見られる。女性の高学歴化や社会進出に伴い、幼稚園や子ども園での保育・教育の需要は増大し、早期教育の塾や、早く走るためのスポーツトレーナーまで存在する。また、飲食店等で作ってある食事を購入し、手間や時間をかけずに家などで食事をする中食（テイクアウト、デリバリー、ケータリング）も需要を伸ばしている。このような家族機能の外部化は、子育てにメリット、デメリット両方の影響を及ぼすことが考えられる。メリットとしては時間的、精神的にゆとりのない親の精神的なサポート機能が挙げられる。デメリットとしては従来、家族の中で時間をかけコミュニケーションを重ねることで形成されてきた子育てのプロセスが、何ができたかできなかったかという結果重視になってしまうことが挙げられる。

　子育ての悩み相談の中で多く見られるのが、平均的な年齢の発達からどのくらい遅れているか、何ができていないかという、子どもの育ちを能力や結果のみで見ることで生じる親の不安である。これは個人間差といわれるもので、たとえば「同じ幼稚園のクラスのＡちゃんは、制作活動や絵本などに集中して取り組めるのに、うちのＢちゃんはすぐに飽きてしまう」といった内容である。親が、同級生や平均的な発達というものさしとの差を気にし始めたとき、我が子の目の前の言動や態度に注目しすぎることにより、その背景にある子どもの意思や欲求や好奇心を理解する機会を失ってしまう。どこかに正しいと思われる結果に至る方法があるのではないか、自分の子育ては間違っているのではないかという不安からSNSなどの情報に振り回され、子育てに自信がなくなってしまう親が増えている。教師としてそのような親の相

談を受ける際には、個人間差だけに着目するのではなく、個人内差（その子どもの能力の凸凹）に親が目を向けることができるような聴き方が大切である。Bちゃんの例を用いれば、「興味のないことに取り組むことは苦手ですが、自分から興味を持ったことには主体的に取り組んでますよ」などの言葉かけが親の不安を軽減し、子どもへの視点が多様になるきっかけとなることが考えられる。

2　問題への対応

　これまで見てきた家族形態や家族機能の変化が、実際にどのような子育てと家族の問題として現れてきているのであろうか。40年以上続くテレビアニメのサザエさん一家の子育ては、昭和〜平成にかけて、大家族の中での子育ての様子が描かれている。時代の変遷に合わせて、サザエさん一家にも家事機能の簡便化や、女性の社会進出などのトピックが反映されている。しかしながら40年以上未就園児であるサザエさんの子どもであるタラちゃんは、公園まで三輪車に乗って一人で出かけていく。タラちゃんは公園に行くまでに何人ものご近所さんに声をかけられる。公園にたどりつけないのではないかと思うほどである。社会全体で子育てを支えるコミュニティがそこには存在している。

　ところが、今日の日本社会では、このような場面があまり見られなくなってきている。小学生でもGPS機能つきの携帯を持たせ、子どもの安全について親が責任を持たなければと不安を抱える時代である。現在の子育てを取り巻く環境は自然発生的な子育てを支えるコミュニティが形成されにくく、子育て中の母親は孤独感を抱えている。それゆえ、行政や大学などによる子育て支援センターや身近な専門家である教師による子育て支援がより必要とされている。表15-1に見られるように、乳幼児の子育てに関する悩みに関しては、しつけ、食事、睡眠など多岐にわたる。

　子育て中の母親が、これらの問題に直面したときに誰に相談するのかを、保健所の1歳半検診に来た母親と大学の付属施設である「親と子どもの発達

192　第Ⅲ部　子どもの諸問題とその対応（教育相談の実際）

表 15-1　育児の「困り事の内容」

(n＝72)

困り事の内容	度数（%）	困り事の内容	度数（%）
しつけに関すること	25 (34.7)	保護者同士の関係について	4 (5.6)
落ち着きがない	17 (23.6)	健康のこと	4 (5.6)
食事のこと	17 (23.6)	発達の遅れ	4 (5.6)
排泄のこと	15 (20.6)	習い事について	4 (5.6)
乱暴、手が出る	13 (18.1)	保育所について	4 (5.6)
言うことを聞かない	12 (16.7)	人とかかわることが苦手	3 (4.2)
言葉が遅い	9 (12.5)	子育て方針について	3 (4.2)
こだわりが強い	9 (12.5)	家族関係について	2 (2.8)
睡眠のこと	9 (12.5)	運動が苦手	1 (1.4)
病気のこと	8 (11.1)	不器用	1 (1.4)
子どもの性格について	7 (9.7)	夫婦関係について	1 (1.4)
皆と同じようにできない	4 (5.6)	小学校に入ってからついていけるか	0 (0.0)
集団活動に参加しない	4 (5.6)	言葉が聞き取りにくい	0 (0.0)
子どもの友達関係について	4 (5.6)	登園渋り	0 (0.0)
慣れにくい	4 (5.6)	その他	12 (16.7)
人見知りが強い	4 (5.6)		

（岸本ほか 2015）

センター」に来た母親で比較した（表15-2）。その結果、保健所の1歳半検診に来た母親に「その他」の回答が多く見られた。「その他」の内容の多くは携帯での情報収集であった。併せて身近に相談できる人がいないという悩みも回答されている。携帯などSNSの情報は、一般的な子育ての悩みに対するアドバイスはあっても、目の前の我が子の個性や発達の程度まで考慮した相談は難しい。膨大な情報を前にして、選択や判断に迷うという母親の相談を受けることがある。健診は義務であり、行かなければならない場であるが、大学の発達センター

表 15-2　お子さんのことで困ったとき、相談に乗ってもらえるのは

項目	保健所 (n＝200) 度数（%）	発達センター (n＝65) 度数（%）
夫	167 (83.5)	56 (86.2)
自分の父親	27 (13.5)	5 (7.7)
自分の母親	166 (83.0)	56 (86.2)
夫の父親	19 (9.5)	0 (0.0)
夫の母親	71 (35.5)	13 (20.0)
その他	84 (42.0)	16 (24.6)

（小原ほか 2014）

は、自ら希望して申し込み、参加する場である。健診後、子育て中の悩みを話したり、助け合ったりできる仲間作りの場の提供が、今後もっと必要とされる。

これまでに述べてきた様々な子育ての問題に対して、子どもと親の関係性の発達という視点からの理解と対応について述べる。乳幼児が見せる発達の様相は、個人差はあるものの、発達の順序性が逆転することはほとんどない。お座りのできない子どもが歩くことはできないし、発語の見られない子どもが二語文を話すこともない。マクロな視点で見れば大差はないとも考えられる。しかしながら、たとえば、ダンゴ虫に夢中になって、ほかのことに気持ちが向かない子どもの行動は、親によって様々に認知される。「集中力のある子だわ」、「虫がこんなに好きなんだ！」というポジティブな感情を抱く親もいれば、「どうして絵本に興味を持ってくれないのかしら」、「お友達ともたくさん元気に遊んで欲しい」などのネガティブな感情を持つ親も見られる。

氏家・高濱によれば、母親の現実知覚＝評価様式によって、子どもとの関係性の認知が異なることが示されている（氏家・高濱 1994）。育児が困難な状況にあっても育児がストレスに感じられる母親と感じない母親が存在する。この違いは母親の現実知覚＝評価様式によるものであることが示されている。身近な他者に相談する、身近な専門家からアドバイスを受けるといった支援により、親による子どもとの関係性の認知を多角的に肯定的に発達させていくことが大切である。どんな親でもよい親になることは可能であるが、そのためにはどんな親にも適切な支援が必要である。次節では乳幼児期の発達支援および子育て支援の視点と課題、具体的な支援の方法について述べる。

3　発達支援

発達支援の視点

乳幼児期は、身体および精神発達において多くの変化が認められる。「発達」とは一般に、「受精から死に至る時間の中で起こる、心身の量的・質的な変化のプロセス」と定義されるように、「身長が伸びる」といった量的増加や、

「言葉を理解する」などの質的に何かを獲得していくという上昇的な変化ばかりではなく、「今までできていたことができなくなった」といった下降的変化、すなわち、消失や衰退のような現象も発達と捉える幅広い視点が必要である。

　中でも乳幼児期は、身体的、精神的に大きな変化が認められる質的な転換期であるともいえる。従来の発達心理学においては、年齢や能力などの様々な側面に着目し、それらの変化の段階に応じて区分される発達段階に基づく理論が多く見られる。発達を段階に区分して捉える視点は、各段階における能力の平均的基準からのずれや、各段階で達成しなければいけない発達課題をクリアしているかといった、表面的に「何ができて、何ができていない」ということで発達を捉える視点になりがちである。従来の乳幼児健診においても、身体的発育や栄養状態、言葉の発達などの確認を主な目的して実施されてきた。しかしながら表面的な変化の背景には、変化としては認められにくいものの、日常生活の中で連続的に繰り返し、積み重ねられてきた意思を伴う行動が存在する。

　発達の最近接領域という、ヴィゴツキーが提唱した概念でも示されているように、誰かのサポートがなければ解決できないが、いずれは自分一人の力で解決可能になるという、発達の潜在領域にどのように関わるかという視点が乳幼児とその親への支援には重要である。

　最近、保育・教育現場においては、発達過程という視点が大切とされている。発達過程とは、一個の主体として子どもを丸ごと見る見方である。養育者や教師、友達や周辺の環境との多様な相互関係の中で、子ども一人ひとりがたどる多様で柔軟な発達の過程そのものを大切にしていく視点といえる。教師は、発達段階という客観的で一般的な指標や理論を十分に理解したうえで、子ども一人ひとりの発達の過程に寄り添い、子ども自身ができること、できないことをどのように受け止めているのかを理解することが必要である。

　できないことを自らの課題として、積極的に取り組もうとしているのか、それとも自己肯定感が持てずにいるのかといった子どもの行動の背景にある気持ちを理解し、子ども自身が主体的にいきいきと日々をすごすための支援、

第 15 章　子育てと家族の問題への対応　　**195**

さらに子どもの発達に一番身近で影響を及ぼす人的環境といえる親が、子どもとの関係性をどのように理解し、どうあって欲しいと願っているのかを、常に考え続けていく存在であることが求められる。

包括的な発達アセスメント

　発達を支援する際の第一歩は、乳幼児の発達をどうアセスメントし、親にどのように伝え、何を共有するかである。発達アセスメントとは、一般的に「人を理解し、人の行動や発達を予測し、その発達を支援する方法を決定するために行われる測定・評価」と定義される。その目的は、発達支援のニーズを把握・理解し、支援目標・方法を決定することである。発達アセスメントの結果、発達上の何らかの遅れが明らかになった場合、その遅れを取り戻すことだけが支援の目標になるわけではない。発達の多様性などの理解に基づいて、目の前の乳幼児の発達を理解するという視点が大切である。

包括的アセスンメントの枠組み

　以下のようなケースでは、どのようなアセスメントの視点が考えられるだろうか。

　　4 歳女児：　園の日常生活における、給食の時間や生活発表会の練習場面で、落ち着きがなくふらふら歩き回り、先生のいっていることが伝わりにくい。

表 15-3　様々なアセスメントの視点例

① 　多動や衝動性といった社会性や情動面での発達の個性。
② 　教師の言葉の意味が理解できているか、覚えていられるかといった認知や言語面での発達の個性。
③ 　じっと座っている、立っている等の一定の姿勢を長く保つことができるかといった運動面での発達の個性。
④ 　親の関わりと、集団適応等の社会性の育ちはどうか。逆に親の干渉が多寡と情動の抑制はどうか等の社会性発達の個性。
⑤ 　ほかの子どもたちと違う行動をしたり、いったりすることで教師や友達に注目されたいなどの偏った欲求の表現。
⑥ 　子どもの個性に適合した教師の関わりになっているか。
⑦ 　子どもと教師との信頼関係の形成状態。
⑧ 　友達と上手に遊べないなど、幼稚園での人間関係の課題。
⑨ 　家庭や幼稚園での人的・物的環境の過剰な刺激。

（本郷〔2016〕を参考に著者が作成）

196　第Ⅲ部　子どもの諸問題とその対応（教育相談の実際）

表 15-4　包括的アセスンメントの枠組み

```
① 生理・医学的側面
   アレルギー、感覚過敏、睡眠障害、てんかんなど
② 心理・学習・教育的側面
   ◎認知・言語発達（WISC-Ⅳ知能検査、新版 K 式発達検査）
   ◎社会・情動発達（KIDS 乳幼児発達スケール、社会性発達、チェックリスト）
   ◎姿勢・運動発達（日本版ミラー幼児発達スクリーニング検査）
③ 環境・社会・文化的側面
   ◎人的環境：①家庭：保護者、きょうだい、祖父母
             ②集団場面：教師、他児
   ◎物的環境：①家庭：地域環境、家庭環境
             ②集団場面：園内環境、室内環境
```

（本郷　2016）

　表 15-3 は、このケースを念頭に置いたときに考えられるアセスメントの例である。アセスメントを行うには、その子どもの行動だけでなく、保護者との関係、教師との関係などについて、表 15-4 に示したような包括的に多角的な視点から実際の支援につなげていくことが必要である。

〈事例〉　落ち着きのない子どもについての保護者の相談

　みなと同じようには活動ができず、落ち着きのない子どもの様子を見て、何か発達に問題があるのではと心配になり、男児 K 君（4 歳児）の母親が来園した。

　K 君のお母さんは、生活発表会の際、クラスのみんなと同じようにうちわを動かしたり、歌ったりすることができず、ふらふらと落ち着きのない K 君の様子を見ていて、とても驚き、担任の先生のところに話があると来園した。お母さんの表情は硬く、それでいて何から、どのように話せばいいのか途方に暮れてもいるようである。しばらくの沈黙の後、ようやく決心がついた様子で、「子どもを幼稚園に預けてから半年、今まで園から特に問題を指摘されたこともなく、家でも気にしたことはなかったのに、この間の生活発表会でクラスのお友達と比べて、あまりにもできないことが多くて」とポツリポツリと話を始めた。それからは家でも K 君の行動が気になり、遊びにすぐ飽きてしまうことや、片づけができずに次から次へと玩具を散らかす様子にイライラしてしまい、注意をすることが増え、何か発達に問題があるのではないかと心配している。

K 君の家族は入園直前に他県から引っ越してきたため、母親には特に親しい友達や相談できる親戚も身近にいない。また、父親は夜勤などもある不規則で多忙な仕事のため、子育ては母親に任され、平日、土日ともに母子 2 人ですごす時間が長いようである。

課題 1　母親は幼稚園の先生に相談することに不安を覚えているが、どのような不安を持っているだろうか。

課題 2　母親の不安に対応するためには、どのような配慮が必要であろうか。

引用・参考文献

氏家達夫・高濱裕子　1994「3 人の母親—その適応過程についての追跡的研究」『発達心理学研究』第 5 巻 2 号、pp. 123-136

小原倫子・谷田貝雅典・岸本美紀・丸山笑里佳・安藤久美子　2014「地域における子育て家庭の状況及び需要に関する発達的変化の実態調査」『地域活性化研究』第 12 号、pp. 11-17

柏木恵子・若松素子　1994「『親となる』ことによる人格発達—生涯発達的視点から親を研究する試み」『発達心理学研究』第 5 巻 1 号、pp. 72-83

岸本美紀・小原倫子・白垣潤・野田美樹・丸山笑里佳・安藤久美子・早川仁美・武藤久枝　2015「子育ての悩みと、親と子どもの発達センターの役割についての検討—利用者の育児の『困り事』、『相談相手』、『相談方法』の分析から」『岡崎女子大学・岡崎女子短期大学　地域協働研究』第 1 巻、pp. 13-18

経済企画庁編　1983『国民生活白書—ゆとりある家計と新しい家族像を求めて』

本郷一夫　2016「アセスメント結果の共有を通した発達支援」『発達』第 37 巻 147 号、pp. 14-19

マードック, G. P.（内藤莞爾監訳）　1978『社会構造—核家族の社会人類学』新泉社

索　引

◆ア　行◆

ICT	152
アイデンティティ	142
アスペルガー症候群	84
アセスメント	86, 113, 195
アタッチメント	80
アニミズム	83
アンケート	130
安全基地	81
アンビバレント	52
いじめ	123, 155
いじめ防止委員会	132
いじめ防止対策推進法	123
いじり	131
居場所づくり	120
医療機関	30
インクルーシブ教育	178
インターネット	4, 152
インターネット・ゲーム障害	160
うつ病	101
SNS	152
LGBT	96

◆カ　行◆

ガイダンス	2
開発的教育相談	13
カウンセリング	2
カウンセリングマインド	5, 31, 41
学習障害	84, 88, 182
家族機能	190
学校恐怖症	106
学校ぎらい	107
学校非公式サイト（学校裏サイト）	157
家庭裁判所	138
家庭訪問	18
関係性	78

観護措置	139
観衆	128
感情の受容	45
感情の反映	45
緘黙	89
キーパーソン	86
器物損壊	141
虐待	12
——のリスク要因	172
逆転移	7
ギャングエイジ	83
教育相談機関	20
教育的予防	119
教育の情報化加速化プラン	152
共感	6, 54
共感的視点	77
共感的理解	42
矯正教育	139
共生社会	178
強迫性障害	101
拒食症	12
苦情	58-9
具体的操作段階	83
虞犯少年	137
クライエント（来談者）中心療法	5, 42
繰り返し	45
訓育的教育相談	11
携帯電話	4, 152
傾聴（アクティブリスニング）	42, 54
ケース会議	35, 38
けんか	130
限局性学習障害	87
現実知覚	193
高機能自閉症	84
公認心理師	27
広汎性発達障害	84
校務分掌	18, 30, 184

心の居場所	107	ストレスケア	72
子育て	188	ストレスチェック	71
個別面談	18	ストレスマネジメント	72
コラボレーション	22	ストレス要因	66
コンサルテーション	22	スマートフォン	152
		精神科医	27
		精神疾患	64

◆サ　行◆

再帰性	66	精神保健福祉士	33
自我同一性	94, 98	性的虐待	91, 172
自己一致	42	性同一性障害	96
自己開示	7	生徒間暴力	141
自己概念	43	生徒指導	10
自己効力感	55	生徒指導提要	4, 9, 11, 14, 18, 141
自己実現	5	青年期	94
自己中心性	83	性役割	95
自己理解	7	性役割同一性	97
思春期	94	積極的関心	43
自他尊重	82	前操作段階	83
実施計画	17	全体計画	17
児童虐待	4, 171	先入観	77
児童虐待の防止等に関する法律	171	早期対応	29, 31, 117
児童自立支援施設	139	早期発見	29, 31
児童相談所	3	育てる教育相談	14
児童福祉法	139		
自閉症	84	◆タ　行◆	
自閉症スペクトラム障害（ASD）	87, 181	第1次反抗期	81
社会福祉士	33	対教師暴力	141
受容	6, 42, 54	対人暴力	141
巡回	35	第2次性徴	95
障害受容	89	代理自我	56
少年院送致	139	多忙感	67
少年鑑別所	139, 143	チームとしての学校	36
情報化社会	152	チック障害	88
初期対応	119-20	注意欠陥・多動性障害（AD/HD）	
触法少年	137		84, 87, 182
身体的虐待	171	中1ギャップ	110
心理的虐待	172	中央教育審議会	178
心理的離乳	96	仲裁者	128
スクールカウンセラー	4, 20, 100	長期欠席	106
スクールソーシャルワーカー	4, 20, 32	治療的教育相談	11
ステップファミリー	189	治療的予防	119

索　引　**201**

適応指導教室	109
転移	7
同一性拡散	98
登校拒否	106
統合失調症	100
トゥレット症候群	88
特殊教育	178
特別活動	3
特別支援教育	178
特別支援教育コーディネーター	58, 184
特別法犯	140

◆ナ　行◆

乳児期	80
ねぎらい	54
ネグレクト	4, 172
ネットいじめ	155, 157
ネット依存	161
ネットパトロール	130
年間計画	17

◆ハ　行◆

バーンアウト	64
破瓜型	100
働き方改革	70
発達アセスメント	195
発達支援	193
発達障害	38, 84, 102
発達障害者支援法	84, 178
発達性協調運動障害	88
発達段階	76
発達的視点	76
発達の最近接領域	194
発達理解	79
犯罪少年	137
引きこもり	12

非行	4, 12, 137
非指示的リード	45
悲嘆	89
非日常性	7
フィードバック	45
フィルタリング	166
不確実性	66
部活動	47
ふざけ	131
不登校	12, 29, 38, 106
不登校児	39
フリースクール	109
不良行為少年	138
傍観者	128
暴力行為	141
保護観察官	139
保護司	139
保護者	4, 47, 51, 54, 69, 171, 188
保護者面談	18

◆マ　行◆

未然防止	29, 31, 119
無境界性	66
明確化	45
メンタルヘルス	64, 69
問題解決的教育相談	11

◆ヤ　行◆

要求	58
要保護児童対策地域協議会	174
予防的教育相談	12

◆ラ　行◆

LINE いじめ	158
ラベリング	77
臨床心理士	27

編著者紹介

谷口　篤（たにぐち　あつし）

1983 年　愛知教育大学大学院教育学研究科修士課程修了
1997 年　博士（心理学）（筑波大学）
現　在　名古屋学院大学スポーツ健康学部教授
主要著作
『文章の理解と記憶を促進する具体化情報』（風間書房、1999 年）
『児童心理学の進歩』Vol.41（共著・金子書房、2002 年）
『スーパーエッセンス心理学』（共編著・北大路書房、2004 年）
『教育支援の心理学—発達と学習の過程』（共編著・福村出版、2010 年）
『学校で役立つ教育心理学』（共編著・八千代出版、2011 年）

丸山　真名美（まるやま　まなみ）

2004 年　名古屋大学大学院教育発達科学研究科博士課程（後期）満期退学
2006 年　博士（心理学）（名古屋大学）
現　在　至学館大学健康科学部准教授
主要著作
『保育・教育実践のための心理学』（共編著・みらい、2012 年）
『特別支援教育』（共編著・一粒書房、2017 年）
『保育・教育に生かす Origami の認知心理学』（編著・金子書房、2018 年）

学校で役立つ教育相談

2019 年 4 月 8 日　第 1 版 1 刷発行

編著者―谷口篤・丸山真名美
発行者―森口恵美子
印刷所―美研プリンティング（株）
製本所―（株）グリーン
発行所―八千代出版株式会社

〒101-0061　東京都千代田区神田三崎町 2-2-13

TEL　03-3262-0420
FAX　03-3237-0723
振替　00190-4-168060

＊定価はカバーに表示してあります。
＊落丁・乱丁本はお取替えいたします。

© 2019 A. Taniguchi & M. Maruyama et al
ISBN978-4-8429-1742-9